Contents 目錄

Chapter 3 投資篇

Chapter 4 推介篇

聯繫人心的閃亮光芒

在我心中，金銀幣既漂亮又名貴；但從沒想過我愛它可以愛到這個地步，甚至為它寫一本書。

一直認為，收藏金銀幣是興趣，要從認識不同國家鑄幣廠製造的硬幣及其特色出發，繼而探究它們的歷史及國家背景，所有探究都是充滿趣味性。在發掘知識的過程中，也培養我對閱讀及尋找新事物的興趣，

亦同時認識了一班志同道合、熱愛收藏金銀幣的新朋友，閒時可以互相交換心得，趣味盎然。

回想當初從父親手中接管這門生意，從一竅不通到愛上，甚至變成一種專業，懂得教人如何選擇，感覺奇妙。不過，香港仍然有很多對金銀幣一知半解的朋友。怎去買？買甚麼？從何入手？道理就如穿衣一樣，除了美觀，也必須考慮合不合身。正如很多人買金銀幣都有不同目的，美觀之餘，亦要迎合自己需求。出書的原因就是要讓大眾更了解金銀幣的價值，物色到適合自己的「對象」。

另外也希望透過此書分享我多年來對金銀幣的認識、心得和經驗。兩年前開始，我已經有出書的打算，但真正推動我出書的決心，是曾經有一位前輩這樣跟我說，「買書的人比看戲的人主動性強。書的實用性，能夠吸納一班『有心人』。書可以作收藏及參考之用」。加上我相信，我對金銀幣的知識，難以透過影片透徹地詮釋出來；靠文字、圖片，反而令大家對金銀幣有更深入的了解，加添收藏的興趣。

這本書是針對一些對金銀幣有興趣卻了解不深的年輕人，或者那些只會買股票、買基金的投資者。由淺入深，一起了解金銀幣歷史、出處、小故事及它們的收藏或投資價值。這本書是我用心之作，希望可以解答到大家一直以來對金銀幣的誤解及疑團。

能把興趣與事業結合是幸福的事，但願這份福氣可以與有緣的讀者分享。

金銀投資專家
李俊亨 Henry C.H. Li

價值不朽「金銀幣」

認識 Henry 差不多五年，最初結緣都是因為音樂嗜好，我喜歡結他，他擅長打鼓，於一次熱鬧樂隊組合的派對，不難便湊合起來。Henry 皮膚黝黑、肌肉結實卻笑容稚嫩，看來十分孩子氣。在金銀業貿易場這個百多年歷史的金銀交易所，德高望重的前輩比比皆是，然而年青一輩卻是稀缺資源，因此我便毅然提名他選任本場理監事一職，結果不負所望順利當選。

早前，Henry 屬意本人替他出版之《避險之王者》寫序，我曾經有過存疑：一位年輕小伙子怎樣去評論千年歷史之古舊商品「黃金白銀」？後來得悉他是以新一代的新思維，趣味性地把讀者帶進金銀幣之新領域。如何欣賞、怎樣分辨、以至投資保值。此書圖文並茂編輯而成，使覽閱者立知「金銀幣」之不朽價值！本人乃援筆成序，用表敬佩之意！

香港金銀業貿易場理事長
張德熙 Haywood

誠實而堅定的謙謙君子

認識李俊亨是源於一宗案件，一宗文物失竊的案件。

涉及的寶物，包括一幅由乾隆御用、宮廷雕刻匠製作的象牙屏風，以及 300 盎司，美國首版鷹揚金幣，都是價值連城的寶貝。

價值，就是案件的關鍵。法官要判斷失物的市場價值，以便在環球搜索的過程中，為失物冠上一個有等號的標籤。

要得出一個市場價值，就要傳召相應的專家。李俊亨的專長，便是貴金屬。

法庭上的專家，多是髮鬢斑白、年過半百的人，李俊亨卻是朝氣勃勃的小伙子，外表像一個剛畢業的大學生。然而一開口，便知道人不可以貌相，法官和反方律師，如珠炮發的連串尖銳問題，都難不到他，甚至要求他即場重新計算價格，以及一邊計算一邊解釋，由完美金幣的價值，到嚴重損壞、輕微損壞等計算解釋，他都手到擒來。誠實而堅定，一表人才的謙謙君子。

後來知道，李俊亨被法律學院取錄，他說，很仰慕律師在法庭上的滔滔雄辯。

無論是證人臺上，還是以律師身份對壘，皆是人們目光的焦點，得悉李俊亨是「專業打擂台運動員」，那便說明了他毫不怯場的原因，也多少解釋了他年紀雖輕，但老成持重的處事態度。

在他眾多的身分中，衷心祝願 Henry 百尺竿頭、更進一步。

翁靜晶律師

世事洞明皆學問

怎樣去分人的等級？出身？種族？職業？財富？年齡？都不是。在我看來，是夢想。有夢想、有使命、有目標，而且會排除萬難積極落實的，上等人也；反之就是下等。如果不但自己有夢想，還會協助其他人實踐夢想的為上上等。

離港公幹期間，同事代我收 Henry 送上的禮物，回港後一看，原來是枚精緻的銀幣，我與 Henry 素未謀面，只是他與我們的同事有一次短暫的合作。他待我以禮，我也不能失禮，所以回港後馬上請客道謝。席間客氣交流一番之後，發現這小子很有抱負。「富二代」三個字是某些人對他的評價，接觸之後，我莞爾，咦，這小子有點意思。

突然間，我覺得有些責任要為他平反。他對金銀幣的喜愛，與及要推廣金銀幣作為可以供鑒賞的另類投資工具的決心，在我看來已經不符合一般紈絝子弟的標準。Henry 是一個有夢想的人。

一般人認為我精於「捧新人」，似乎只局限於教育界；但如何定義教育呢？「世事洞明皆學問，人情練達即文章」Education is everywhere。

於是我協助促成這本書的誕生，分文不收，純粹為興趣，也為好奇。這個人究竟只是侃侃而談的富二代，還是真正有決心實踐抱負的上等人呢？這書如能照計劃面世，大家現在能手捧成品，翻看到我寫的這篇推薦序，足證他是後者。

而我，順理成章就歸類為上上等了！一笑。

精英滙集團主席
June Leung 梁賀琪

經濟學說錢幣收藏

研究發現，70 年代投資各種錢幣收藏的平均實質回報率超過 13%！我的專業與投資有關，個人又同時喜歡藝術，於是兩年前寫了《經濟學說藝術投資》這本書。老實說，早知這類書在香港市場不大，因此執筆時心態是寓興趣於工作。結果是，不但沒有要出版社蝕本，我們還贏了個香港出版雙年獎的商業及管理類最佳出版獎。是的，作為另類投資，藝術收藏過癮，是可以令人玩物喪志那種好玩！但根據經濟學上的「補償性差異」定律，好玩的東西怎可能又同時能夠賺錢呢？補償性差異定律對收藏的經濟含意是，收藏的過程好玩，好玩本身已是一種回報，因此藝術投資回報可以有折價。另一方面，藝術藏品流動性低，所以藝術投資回報亦可以有溢價。換句話，由於流動性有價，流動性較低的藝術藏品要有較高的投資預期回報率才能吸引投資者持有。

錢幣收藏，跟藝術收藏一樣都是既過癮兼流動性較低的另類投資。受補償性差異的折價和流動性溢價的影響之下，錢幣收藏的投資回報可大可小。幾十年前一篇名為《Coins: Anatomy of a Fad Asset》的學術文章發現，70 年代投資各種錢幣收藏的平均名義回報率超過 20%，不但跑贏通脹（扣除通脹後平均實質回報率超過 13%），竟然更跑贏同期的股票或債券回報！當然，70 年代是滯脹的年代，而投資不同錢幣亦有不同的投資回報。今天投資錢幣收藏的回報是高是低？投資哪一種錢幣能賺取較高回報？投資金銀幣又有對沖的功能嗎？我不是金銀幣收藏的專家，但讀過小友李俊亨寫的新書《避險之王者：金銀幣鑑賞及投資》你會跟我一樣對這些問題得到不少啟發。

徐家健教授

搏擊界的金銀幣王子

2015 年，李俊亨這位少爺仔跑來我拳館要參加拳手訓練課程，當年課程不容許無搏擊經驗的學員參加，他很直率的跟我說，他在外國跟綜合格鬥冠軍訓練已有很多模擬對練，只欠實戰比賽經驗，他的夢想是想上擂台實戰一次。

報名後第一次的拳手訓練課程，他竟然在擂台上「嘔」，第二次他懂了「嘔」在擂台下面不讓人看到、第三次「嘔」在洗手間途中的路上、第四次「嘔」到入洗手間的洗手盆上，要我通渠清理；第五次他終於準確「嘔」到入洗手間馬桶內，當刻的感覺好像我的拳手在比賽中將訓練中的技術發揮所長，我非常感恩。我當初估計這位少爺仔很快就會退隊離開，誰不知他的堅持學習現在已經成為榮拳館的大師兄了。由想嘔就嘔，嘔吐後不懂如何清潔，初時用衣服手帶紙巾清理嘔吐物，到後期懂得用地拖過水，到最後懂得控制自己去到洗手間準確嘔吐在馬桶上，我覺得他未學懂搏擊技巧前，他學懂了自理能力和做人的應有態度。

這幾年，他在 KickBoxing、Sanda、Muay Thai、Shoot Boxing 很多搏擊項目比賽取得不俗的成績，早前亦加入了香港散打代表隊，未來有望代表香港取得更好的成績。

搏擊和金融，如何揣測，各有套路，走進搏擊世界，我的經驗和資歷可以令我輕易猜透對方的拳腳套路。不過在金融世界裡面數字的起起落落，他用堅毅精神培養出精準的眼光和細心及膽量，我就自嘆不如，要請這位徒弟指教指教。

李俊亨，自強不息。

前世界泰拳冠軍、前世界踢拳拳王
轟炸機 向柏榮

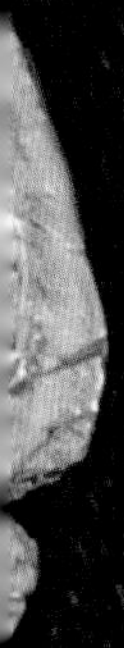

Chapter 0 導讀篇

要詳談金銀幣的故事，豈能三言兩語說盡，
它的知識和趣味是均等的。要探求金銀幣的
趣味性，從它們的歷史、文化背景出發，
求真的過程中，往往會發現就算一個圖案，
一個數字，其背後都暗藏一些玄機。
《避險之王者～金銀幣鑑賞及投資》將為大家
開拓新知識，大開眼界。

金銀幣，從玄學起！

「五」是基本元素結構：金木水火土是五行。許多祝福語都以「五」
字開頭：五福臨門、五世其昌、五穀豐登……「五」不只是五，而是
圓滿、全方位的意義。西方對「五」字一樣有無窮的演繹：不但中國
國旗是五角星，美國國旗也一樣，美國的國防部是五角大廈。最有趣
但又很多人不知道的：筆之所以叫 pen，是因為 pentagon 是五角形，
而鋼筆的筆頭就是一個五角形。金銀幣收藏入門，以「五」作為階段
性的指標不是沒有依據的。

如果説「十」給人十全十美的感覺：十二就是另外一種「完整」。

古往今來幾多收藏家皆以十二為一個完整的系統。當中十二生肖、十二星座之類當然發揮重要的影響力。英制以十二為一進的制度雖然已經幾乎完全被十進制所取締,但仍然在某些傳統國度維持相當地位,金銀幣收藏家更堅信 12 比 10 更具完整的意義。10 不敵 12 最初的體現就是在羅馬曆法。"Octo" 明明是 8 的代號,"Octopus" 是八爪魚 / 八達通;"Octogenarian" 是八旬老人;"Octopod" 是八足動物,但偏偏 "October" 就是十月而不是八月;明明 "decade" 是十年、"decimal" 是十進位、"decathlon" 是十項全能;但偏偏 "December" 是十二月而不是十月。我們看看以下的對列表:

字根	意思	例子	月份	
Sept	7	Septuagenarian 七旬老人	September	9月
Octo	8	Octogenarian 八旬老人	October	10月
Nov	9	Nonagenarian 九旬老人	November	11月
Dec	10	Decathlon 十項全能	December	12月

古羅馬最初以十個月為一年,後來發現公轉應為 365 日,12 個月為一年,所以在中間加插上 July 及 August,所以往後的 4 個月份順序推後變成現在的情況。金銀幣整套 12 個的概念也有近似情形,例如英女皇神獸系列本來只有 10 個,後來才加 1 個終結版。至於由中國熊貓、加拿大楓葉、澳洲袋鼠、奧地利愛樂團及美國鷹揚組成的五大名幣,也有異曲同工之妙。

精英滙集團主席

June Leung 梁賀琪

金銀幣經濟論

古語云：苛政猛如虎。我不敢苟同。

在全球化經濟體下，通脹才是真真正正猛如虎。以前 ATV 有一電視節
目名為《百萬富翁》，玩家需過五關，斬六將才可贏得百萬獎金。時
光飛逝，該節目已完結，但在量化寬鬆的貨幣政策下，「百萬富翁」
卻比比皆是。只要擁有一個經已供完的物業，在香港這彈丸之地，人
人都躋身於百萬富翁之列，甚至千萬富翁。

連康熙皇帝也不知曉什麼是通脹，我們比康熙更聰明，但該如何對抗？投資似乎是唯一出路，投資房產、股票，前者需要折舊費用，後者需要日以繼夜夜以繼日觀察市場。全球經濟一體化，牽一髮而動全身。投資商品必須具有「稀少性」才可對抗狂印銀紙的時代。

昔日西班牙哥倫布在航海時，發現了新大陸，從秘魯手中帶來了白銀，結果引發歐洲物價革命。之後，又發現了黃金，影響了國際金本位發展。二戰後，黃金更與美元掛鉤，久而久之，我們也習慣稱美元為「美金」。

就連晚清的鴉片也與白銀有關，中英開戰，關鍵是白銀的流通，販賣鴉片也為了賺取白銀呢，主要是入關後八旗子弟世代有長俸，月月有銀出。鴉片戰爭，正其名，應是「白銀戰爭」。各國對金銀熱愛程度可見一斑。

這本書可為大家提供投資金銀幣知識，可能是香港第一本金銀幣的小百科全書。康熙當年與江南商人經商圖利，我們不妨窺探金銀幣，這類投資既有價值，又有品味。

金銀幣的投資，最重要的是可對抗通脹這隻大老虎。

遵理雙史名師

Lori Tsang 曾康誠

Chapter 1 基礎篇

了解**最有趣**的
金銀幣

很多人對投資金銀幣有個誤解，是納悶。

不如從我的小故事開始，帶你認識不一樣的金銀幣小知識。

你好，我是你們的金銀幣導賞員 Henry。

1.1
我走進金銀幣世界

在未接觸金銀幣之前,我與一般投資金銀幣初哥無異。對它們一知半解,覺得它們花花綠綠很難捉摸,老實説最初我還有點抗拒它,誰知我和金銀幣的故事原來還有下文……

故事應由 2005 年説起。當時完成中五課程的我到了美國讀書,先在波士頓修讀商科副學士課程,畢業後,再飛到佛羅里達州,選讀我最愛的航空學士學位課程。

回流接手生意

我從小便熱愛天空,渴望像鳥兒一樣在上空飛翔,可惜我沒有翅膀。幸好我還可以選擇當飛機師,駕駛飛機於天空中翱翔。回港後我便到一所本地飛行學校,成為飛行教練及課程導師。但人生豈會如此簡單?一年後,經營金融外匯生意的爸爸,希望我回公司幫忙打理業務。坦白説,雖然讀書時偶爾會跟爸爸學習買賣股票做小投資,可都只是玩票性質,並沒有甚麼壓力,與經營生意是兩回事,我當然有些猶豫,尤其當時我對金銀幣可以説是一竅不通。推動我的是爸爸蒼老的身影,這些年他經常徹夜埋首於工作,總是不分晝夜地觀察行情,十分勞累,確是很需要有人去助他一臂之力。我作為家中長子,根本沒有拒絕的理由,認為這是時候站出來為他做點事,便開展了我的金銀幣之旅。

一切從零開始

那時大約是 2013 年,當時只有24、25 歲的我,就這樣戰戰競競地開始了金銀幣貿易買賣工作。

突如其來的工作轉變，對一個只懂「揸飛機」的我來說，實在是一種考驗。不過既然決定做好，就要好好去做。記得入行時的那幾年，我從頭學起，對於金銀幣的知識，必須「唔識睇到識」。但凡有關金銀幣的大小資訊，都會勤加上網翻查資料，認真留意和了解。即使微細至它們的出產證書，到金銀幣的生產背景與小故事，我都拿來熟讀。最瘋狂時，我都幾乎可以背上任何金銀幣的資料。不過，還是有些基本金融知識，例如怎樣觀察金市行情；市場為何會加息、減息；外匯怎樣影響金市；為甚麼美國財長突然發言，幾句話便能令整個市場波動等等⋯還是

需要跟爸爸學習。而我每次遇上任何特別事情，都會向他請教，知識和經驗就這樣慢慢儲回來。花了幾年不斷學習與實戰，總算是在這行業建立了事業基礎。

有驚無險

金銀幣生意就如讀書一樣，既要苦學亦需要耐性。剛開始我也遇上不少前輩潑冷水，認為我處事不夠成熟。而我只會一笑置之，專心做好自己。入行至今，工作偶然會遇到些趣事，例如有一次我教客人如何換算金的量度單位，他竟然反問我同一重量的金和羽毛，哪一個比較重些，令我覺得有點啼笑皆非。又有一次，我需要將接近一千個金幣放進背包，運送到中環交貨。誰知在送貨途中，其中一個金幣不小心從背包跌了出來，那是當時市值超過一萬元的袋鼠金幣！當我交收完畢後，竟在回程路上讓我看見這金幣安然留在地上。當時我實在又驚又喜，驚的是竟然有一個金幣丟了卻懵然不知，喜的是從送貨至折返之間足足有半小時，卻沒有半個途人留意到它。若當時被他人看見而且撿走了⋯一想到這裡我不禁倒吸一口涼氣，暗地裡自嘆幸運。

不經不覺投入金銀幣貿易買賣已經八年，我經常反問自己，如果當初繼續投身航空業，現在會是怎樣？最近兩年疫情肆虐全球，航空界幾乎癱瘓，很多從事航空業的空中服務員都相繼失業，讓我自覺幸運，因為我有機會投身金銀幣這一行，否則我很可能早已成為其中一個失業大軍了。

飛機‧拳套‧金銀幣

曾修讀航空課程，後來轉型從事金銀幣買賣。當飛機師與管理金銀幣貿易生意，驟眼看來風馬牛不相及，對我來說兩者卻有異曲同工之妙。駕駛飛機需要心思細密，除了要控制機室內非常複雜的儀器，若遇到任何突如其來的狀況，必須精準地重新計算油量、距離、風向等，這些都與現在從事的金銀幣買賣模式十分相似。

辦公室桌上的幾部電腦，上上下下多個螢幕的外匯及金價數字，對我而言就像飛機內的控制室一

樣。每天都要「睇住個市」，觀察數字起起跌跌。而我必須以心和腦同時敏銳觀察，思考它的價格走勢、公司存貨，再決定需購入多少和對沖，這些思維都與駕駛飛機時的飛行計算無異。每當想起兩者的相似，能夠將從前在航空學校裡學到的，套用到現在的工作上，內心總是有點安慰，感覺自己取得一個平衡。

管機難管人更難

飛機與金融，兩者數據看起來很相似，都需要「管數」。唯獨管理飛機和管理人事便大大不同，雖然天氣不似預期，難以預測，可是課堂上總會學到很多應付這些突發性情況的技巧。然而管理人事則更難了，一間公司人愈多便愈複雜，讓我到現在還在努力學習人事管理這個艱深學問。

當放下了飛機師的身份，面對另一種挑戰：不分晝夜地「睇住個市」，說沒有壓力也是騙人的。

幸好向來我有「打拳」的習慣，同時也是香港散打代表隊成員。打拳令我有良好的體魄，能應付經常「捱夜」的工作與龐大的工作壓力，同時加強我的抗壓能力，更成為了一種絕佳的紓壓渠道，幫助我在金銀幣的事業上走得更遠。

1.2
金銀幣的定義

人們收藏金銀幣，多會基於以下兩種目的，一是熱愛人文歷史，通過收藏，欣賞錢幣特色的藝術設計及製作工藝。二是為了投資，在乎金銀幣價格的升跌，通過買賣獲取收益。

重量

成色與金屬成份

金幣正面／側面解構圖

幣輪

即硬幣邊緣的刻痕，又稱「齒邊」。
精鑄幣和普鑄幣的幣輪數目不同。

設計圖案

每個金銀幣隨著不同主題擁有不同的圖案。

幣值

金銀幣擁有它們的幣值，可於市面流通，
與沒有幣值的金銀章不能相提並論。

出產年份

金銀幣皆有其出產年份，
往往年份愈久遠，收藏價值愈高。

出產硬幣的廠名（鑄幣廠）

每枚金銀幣都經由鑄幣廠出產，印有代表
該鑄幣廠之數字或標誌。

1.3
歷史發展及文化背景

銀是人類最早使用的金屬之一，排在其之前的是金和銅。

關於金銀幣的歷史，可追溯至公元前 4,000 年。當時在迦勒底、美索不達米亞、埃及與希臘的古墓中，均發現已有銀製器具和裝飾品；公元前 3,000 年的安納托利亞（Anatolia，現在的土耳其）地區更被認為是人類首個擁有個體化白銀的地區。

1492 年，哥倫布發現了新大陸，並在墨西哥、玻利維亞和秘魯等地發掘出大量的銀礦，因此帶來了世界白銀生產增長時期。

鴉片烟槍是用銀製造

有人説歷史與經濟發展根本扯不上關係。現實是恰好相反，經濟決定了歷史發展。

早在中國宋朝，銅已受廣泛使用，並甚為值錢。及至明朝，中國人大部分以銅作為長途及短途貿易。白銀則不算受用，致使大量的金銀累積在中國。而同時，歐洲開始出現「銀荒」，那麼他們怎樣解決銀荒的問題呢？答案是販賣鴉片，因為當時的鴉片烟槍便是用白銀作為製造原料。

有人説鴉片戰爭是由於林則徐銷煙觸怒了英國，結果以武力收場。事實是因為中國貴為當時世界擁有最多白銀的國家，列強對之虎視眈眈，為的是促進白銀流動。順便一提，當時純銀製造的鴉片烟槍比鴉片更昂貴，中國人卻擁有了不少，因此中國人可説是 18-19 世紀中，世界上最富裕的人之一。

中國人透過買鴉片烟槍加速了對外白銀流動，開啟白銀價格市場，令整個歐洲市場物價因此提升。後來，白銀差不多被挖空，過度濫用，造成黃金的出現，取代白銀位置。

第一次世界大戰爆發

至於黃金方面，1914 年 8 月第一次世界大戰爆發，各參戰國政府立即宣布暫停紙幣兌換黃金，禁止黃金外運，以保護自己國家的黃金儲備，開始大量印鈔作為戰爭經費，通貨膨脹急劇上升。國際的金本位進入「休克」狀態。歐洲各國的紙幣之間匯率也從固定匯率制變成了完全浮動匯率制。1925 年 5 月 14 日，英國國王簽署《1925 年金本位法案》生效，該法案規定英格蘭銀行的英鎊銀行券是法定貨

幣，但不能再兌換成金幣，銀行會繼續按照「1 盎司黃金 =3 英鎊 17 先令 10.5 便士」的兌換比價向需求者出售金塊，金塊的重量為 400 盎司。

美國在一戰期間保住了黃金的匯率制度，在 1919 年 6 月恢復了紙幣兌換黃金，即恢復了古典金本位制。蘇聯在 1924 年 3 月 17 日正式恢復了金幣本位制，使用切爾文銀行券、切爾文金幣、金盧布國庫券作為法定貨幣。法國於 1928 年 6 月採用金塊本位制。直至 1929 年，49 個國家正式加入了金匯兌本位國際體系。

建立金本位

上世紀三十年代，二次世界大戰前夕，英國把黃金借給蔣介石印鈔票，二戰後隨即爆發以黃金可

以兌換鈔票潮，為何黃金會變得更值錢？因為美國取得黃金之後，推行金本位，促使美元和黃金掛鈎，從而被稱為「美金」，展開了金銀的對流價值。金本位是一種貴金屬貨幣制度，於19世紀中期開始盛行。在金本位制度下，每單位的貨幣價值等同於若干重量的黃金（即貨幣含金量）；當不同國家使用金本位時，國家之間的匯率由它們各自貨幣的含金量比值——金平價（Gold Parity）來決定。1929年的世界經濟大恐慌中，民眾害怕貨幣貶值而湧向銀行換取黃金，令各國政府的黃金儲備大量減少，甚至有破產危機。1931年，英國為阻止民眾兌換黃金而拋棄了金本位制。1933年美國也拋棄了金本位制，改為管理貨幣制度。

1944年7月，44個國家的代表召開聯合國和盟國貨幣金融會議，其會議稱為「布雷頓森林會議」。這次會議確立了「美金本位制」，即「美元與黃金掛鈎、各國貨幣與美元掛鈎」的兌換方式。

為什麼人們都叫美元做「美金」，相信是因為二戰後，美國實行金本位，將美元與黃金掛鈎，凡35美元等於1盎司黃金。加上二戰後冷戰的影響力，美元久而久之成為世界貨幣，價值等同黃金般重要。

同時，美國創立了世界銀行與成立國際貨幣基金（International Monetary Fund，IMF）。這兩大國際金融組織提供了黃金與美元之間的固定匯率，來避免黃金產量不足、無法支撐國際不斷增長的貨幣流量之情況。

因為越戰及美蘇冷戰，美國需要

印製大量美元以應付龐大軍事支出，讓美元有機會貶值。可是若美元貶值，出售黃金就可以換取更多美元，這種匯兌利益使美國的黃金儲備量減少，造成美國金本位制的危機。

因此，1971 年 8 月美國尼克森總統宣佈實行新經濟政策，停止按照金本位規定以美元兌換黃金。

金本位歷史與我們的關係

民眾向來相信黃金，黃金只是基於政治原因不再成為我們日常流通的貨幣。説回投資金銀幣，就是想告訴投資者，汲取過往歷史，金銀幣從不會受戰爭影響，愈打仗，愈珍貴，兼且愈有價有市。民眾對黃金的強烈需求促使現代投資幣的誕生。白銀、黃金，是歷史發展下必然產物，是世界的共同語言，能打破世界的隔閡。在全球化的世界，決定歷史發展的從來都是經濟。

第一代金幣：富格林

談及現代投資幣的歷史，不得不提最早期拿來炒賣的南非富格林金幣，南非富格林金幣是世界上第一枚以盎司計價的現代投資金幣，於 1967 年發行。一度佔全球金幣市場百份之九十的佔有率，號稱有史以來最流行及最具代表性的金幣之一。

富格林金幣由南非鑄幣廠鑄造發行。金幣正面是南非共和國的第一任總統保羅·克魯格爾（Paul Kruger）的側面肖像，以及 "South Africa" 的字樣，線條清晰。背面是跳躍的羚羊。羚羊是南非的國家象徵，姿態優美。金幣鑄工精湛，栩栩如生，幣上鑄有出產年份和重量。

1984年富格林金幣廣告

為獨立自治奮鬥而聞名。為對這位英勇的英雄表達敬意，藝術家經過精雕細琢，把他的形象印在這個國家的金幣上。在上世紀初金本位時期，富格林金幣已經盛行，後因種族隔離政策，遭到西方國家經濟制裁及封殺，禁止該幣全球流通，加上沒有面值等問題，種種內外原因，讓富格林金幣從此走上式微之路。

富格林金幣由盛轉衰，沒有令投資者及收藏家對金幣卻步，反而造就加拿大楓葉幣的崛起，它是首個推出9999純金金幣的國家，迅即取代富格林金幣的地位。加拿大楓葉幣出現後，中國熊貓幣、澳洲袋鼠幣（又名鴻運幣）、美國鷹揚幣等投資幣亦相繼湧現。

黃金和白銀，隨著全球開礦技術創新而增加產量。以白銀為例，近30年來的年產量約是75年前產量的4倍，達到近1.2億盎司。

加拿大楓葉幣取而代之

在南非，國民極喜愛收藏富格林金幣，或多或少是對南非共和國首任也是唯一的總統保羅‧克魯格爾（Paul Kruger）的崇拜。他的親民，使當地人民稱他為「保羅大叔」。他以第二次布爾戰爭（1988-1902）期間，領導布爾人爭取脫離英國統治，

1.4
金銀幣 vs 金銀章

很多時，坊間喜歡混淆視聽，將金銀幣和金銀章混為一談，其實絕對不可以。兩者的分別在於前者擁有面值，也會在幣面上刻有「dollar」字眼，同時，所屬鑄幣廠需要與當地國家的財政部門協商，需要有足夠資金作幣值後盾，得到許可權才可製造金銀幣。相反金銀章就簡單得多，它沒有面值，所以在沒有面值支持下，它只能說是一個普通的紀念章，認受性相對較低，如果把它燒熔，它便只會是一塊比較粗糙的黃金而已，賣出時按成色以金價回收。

另外，很多鑄幣廠會界定某些特別型號為紀念性。稱為"Uncirculated Coin"，雖然可能會附有證書，但它仍是非流通性的「金銀章」。而坊間某些金銀幣售賣店，會以極平價錢把「金銀章」買回來，卻用「金銀幣」價格出售。所以，我常告訴投資者，在購買時要小心，必須認清「幣」和「章」的分別，以及確認一下你所買的是否"Uncirculated Coin"呢！

Argor Heraeus 金條

Argor Heraeus 是一家歷史悠久
的鑄幣廠，已有 70 年的歷史，
是德國賀利氏旗下的一間鑄煉
廠，以生產足色而又精美的金
條而聞名，品質絕對有保證。每
條金條的正面都標註了 Argor
Heraeus 商標，下方註明生產地

"Switzerland"、金屬種類、重
量、純度及獨有的出廠編號。

對於黃金條投資者而言，賀利氏
金條是一種絕佳的選擇，因其輕
便、易於儲存及外觀吸引，而且
其國際認受性高，流通於全球金
條銷售市場。

1.5
金條 VS 金幣

金條，又稱金塊、金磚或金錠，是以精煉後的黃金製成的條型產品，通常被銀行或貿易商用於保存、轉帳、貿易和投資，而它的價值取決於內含的黃金純度與質量。它屬投資系列中最貼近金價，一般買家只當保值，不作欣賞之用，大部分人通常只會放在夾萬或銀行保險箱。黃金遇熱超過千度便熔化成液態，然後注入長方體模具中，再立刻降溫凝結，之後透過注塑機（即啤機）壓上成色及商標，便成為一條坊間經常看到的金條。它的外表其貌不揚，基本上沒有手工價，可謂愈貼近金銀價成本愈平，當升值時自不然賺得更盡。

世界最大的金條為 250 公斤重，45.5 公分長、22.5 公分寬、17 公分高，以約 5 度的傾斜度成梯形形狀。這磚由三菱集團旗下子公司三菱原料股份公司製造的巨金，於 2005 年日本靜岡縣伊豆市的土肥黃金館中展出，其黃金含量約市值 4 億日圓。當年這磚巨金成為城中熱話，亦出動大量護衛看守呢！

如果對買金條開始感到沒新意，想增加其觀賞價值，不妨考慮投資金或銀幣，很多人會選擇「世界五大名幣」，貪其有設計，但又不算工序太多。若涉獵多一點，可向精鑄幣這方面進發。除了它的歷史價值，其升值潛力也比普鑄幣大。

例如英女皇神獸系列，是英女皇在 1953 年登位時，被賦予給她在位的守護神，他日若女皇駕崩，任何貨幣正面就不會再有女皇頭像，隨之而來之前發行的英女皇神獸系列預計將有機會升值幾倍。

1.6
收藏幣 vs 現價幣

金銀幣分為收藏幣及現價幣,進一步可以細分為普鑄幣(Bullion Coin)及精鑄幣(Proof Coin),至於怎樣分辨精鑄或普鑄,必須留意其鏡面,如果拿著一個幣,鏡面可以照到自己樣子,則大多數是精鑄幣,亦是我經常教初學者如何辨認精鑄和普鑄的入門階。但亦有例外,我不妨用熊貓幣作例子,它每年設計不同,幣面包含鏡面和磨砂的特徵,讓幣上的熊貓圖案栩栩如生,細節分明,雖是普鑄,但卻擁有精鑄幣的特質。若然購入該年度的熊貓幣,售價隨著金銀價格浮動,它依然稱為現價幣,但因為每年設計不同的關係,到下一年該設計則變成絕版,今年這款依舊隨著金銀價升跌,若你能忍手留到下一年,它便會升值,隨之由現價幣變成收藏幣。收藏幣,閣下可以當是收藏品,它是有面值,有限量。同時不受金銀價格起跌影響,價值遠比現價幣穩定,只升不跌,也是收藏幣的優點。

世界五大名幣屬現貨幣

世界五大名幣價值跟著金銀價格浮動,屬於現價幣,就如股票玩法一樣,每年任意起跌,若然見其有上升趨勢,不妨賣出。基本上,除中國熊貓幣之外,其餘4枚包括加拿大楓葉幣、美國鷹揚幣、澳洲袋鼠幣及奧地利愛樂團幣款式都不會有太大轉變,其價值亦跟著金銀價格而變化。又例如澳洲12生肖系列,目前先後推出了3個不同系列,特點是3個不同系列的年份和設計不同,每12年才能完成一個系列,分別是系列 I(1996~2007)、系列 II(2008~2019)及系列 III(2020~2031),若作為投資的話,前兩個系列已經絕版了,絕對有利可圖。若然去年才開始收藏系列 III 的話,就要到2031年才能收藏到整套系列,這樣它們便成為收藏幣,更具收藏與投資價值。

必記的兩大格言

所以，現價幣與收藏幣之分別，必須謹記兩大要訣，也是我經常教導初學者的格言——「限時不限量／限量不限時」。意思是，現價幣是不會限量發行，隨著金價銀價升跌來影響價格，就是「限時不限量」。收藏幣是限量發行，當隨著發行年份過去，它成為絕版以後，便不再受金價銀價跌價影響，擁有限定收藏的極罕優勢，價格保持穩定狀態，是「限量不限時」。

作為「短炒」的買家，若你估計它能夠在短時間內升值，我會建議買現價幣。如果打算長線投資及保值，則提議選擇價錢相對高一點的收藏幣，因為它成為絕版之後，其投資潛力相對增加。

	收藏幣	現價幣
格言	限量不限時	限時不限量
數量	限量發行	不會限量發行
狀態	隨著發行年份過去，成為絕版後，極具收藏價值。不再受金價銀價跌價影響，價格保持穩定狀態。購買價錢比現價幣高	價格跟隨金銀價格上落及浮動，從而影響價值
外觀	有獨特主題內容，附有精美收藏盒及產品證書	每年固定設計主題

精鑄 VS 普鑄

要怎樣區分精鑄幣（Proof Coin）與普鑄幣（Bullion Coin）？兩者主要區分在其生產工藝上。精鑄幣一般要求幣面能夠達到鏡面效果，需要對造幣模具表面進行極其精密的拋光。模具底面拋光後鍍硬鉻，浮雕面採用能夠充分體現浮雕結構、層次及透視關係的噴砂工藝處理；坯餅採用逐枚手工拋光處理；產品壓印採用單枚多次壓印；產品表面品質和單枚品質進行逐枚檢查等。所以，精鑄幣設計細膩、更有層次感，而幣面則如鏡子般光潔明亮，有相當突出的視覺效果。精鑄幣多為紀念幣，限量發行，不流通，附

普鑄

設精美獨立包裝及產品證書,具有收藏價值,相對普鑄幣的購入價,精鑄幣比較昂貴,溢價相對高。

至於普鑄幣在工藝上因採用不同的模具底面,沒有經過精細的拋光處理,生產出來的普鑄幣在質量及鏡面平整度、光潔度明顯較暗啞,成品稍微不及精鑄幣。普鑄幣多為現價幣,發行量比較多,沒有獨立包裝。

對於精鑄幣和普鑄幣的生產,各個國家都有自己的標準,並存在著差異。雖然標準不一,但世界上的主要大國或著名鑄幣廠生產的精鑄幣,都能展示世界造幣工藝的高超水準。

精鑄

1.8
黃金純度知多少

99/999/9999 的差異

坊間對黃金的數字如 99、999 或者 9999，以及 18K、24K 等都充滿疑惑。所謂 18K、24K、足金、千足金都是代表黃金的純度，也是我們常說的「成色」。至於 99 金、999 金甚至 9999 金，它們有怎麼樣的分別呢？現在就來一起拆解這個謎團吧！黃金以及黃金的合金共有六種純度，其中包括：9K 代表黃金純度不低於 37.5%，14K 不低於 58.5%，18K 不低於 75%，22K 不得低於 91.6%，足金不低於 99%，千足金不低於 99.9%。

99 金其實就是 99% 是黃金的成分，但有 1% 包含其他的雜質。999 金則是 99.9% 是黃金的成分，只有 0.1% 不是。9999 金乃 99.99% 是黃金。總括來説，所有黃金都是很難提煉到 100% 的純度。但無論是 999 或是 9999 金純度其實已經很相近，唯獨只有 99 金我是不建議投資，因為相對擁有 1% 黃金以外雜質是偏多的。外國的黃金都最少以 999 為基本。

24K/22K/18K 的分別

至於什麼是 24K、22K 和 18K 金呢？K 金亦可叫開金，是黃金中按照一定比例加入少量其它金屬熔合而成的合金。24K 黃金一般純度不低於 99.9%，也就是很多人談及的「千足金」。

坊間好些黃金，都只能達到 22K，換句話說就只有 91.6% 是黃金。18K 內裡只有 75% 是黃金，那麼餘下的 25% 又是什麼來的？可能就是銀、銅、鎳甚至是鈀的成份。所以大家在購買黃金飾品的時候要注意，因為黃金的比例直接影響它將來賣出的價錢。

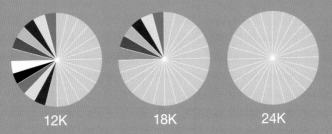

黃金的純度又稱為成色，以K為單位。
K數，即英文carat；德文karat，又稱為開數，將黃金分為24等分，
每1K數含金量為4.166%

12K 18K 24K

18*4.166% = 74.998%
（75%/1000）

古羅馬帝國計算重量之雛型

源於古羅馬帝國一種叫 Carob Seeds 的植物，稱為角豆或稻子豆，內裡有相同重量及形狀的豆，所以古羅馬帝國就利用此豆成為計算金的重量標準。當時他們推出金幣的標準是24粒豆為一個金幣重量（相等於現代的5克重），沿用一千年之後，慢慢成為現在以24等份作為成色標準，24K是99.9%（3條9）或99.99%（4條9）黃金，22K是22除24即等於91.67%黃金。通常珠寶行業的金托、鑽石托或手鐲的金多用18K即75%黃金。

1.9
精美另類金銀幣

以我所知，現在很多香港人都有收藏民國古錢幣的嗜好，蒙古高浮雕銀幣是不錯的選擇。

i. 蒙古高浮雕銀幣

蒙古高浮雕銀幣，又名蒙古仿古動物系列幣，由蒙古國與 CIT 聯合開發這套仿古動物幣並且由鑄幣工藝領先的德國梅耶造幣廠鑄造。該系列由 2007 年至 2019 年發行歷時 12 年之久（第一組和第二組之間相隔 4 年），由 07 年發行狼獾、11 年烏拉爾貓頭鷹、12 年長耳刺猬、13 年盤羊、14 年兔猻、15 年坎貝爾倉鼠、16 年獵隼、17 年黑貂、18 年野豬及 19 年戈壁熊，每款 1 盎司銀幣發行量 2,500 枚。直到 2019 年這個系列推出它的最後一枚紀念幣後宣佈停產。仿古幣並不是新鮮事，但以動物為主題，尤其以大特寫表現動物面部，過往幾乎沒有，而且這套收藏幣在製作處理上，透過高浮雕逼真地展現動物面部的每一個細節，同時在其眼睛上鑲嵌水晶，突顯其立體感，這系列首枚紀念幣曾獲克勞斯大獎，亦屬於較為冷門的收藏幣。據知 2019 年推出其最後一枚之後已成為絕版，甚有價值及代表性，且有升值潛力，所以近年吸引不少收藏者注意。如果可以，不妨一整套系列買回家收藏。

ii. 托克勞龍鳳鴻運 8 字型高浮雕復古銀幣

龍，傳說中的巨大神獸，象徵著權力、財富和力量。在中國古代，龍只有貴為天子的皇帝才可以使用，代表了獨一無二。鳳凰是傳說中的神鳥，象徵美麗、和平和高貴。傳統中國人會把龍與鳳結成一對，有天與地連接之意，比喻天作之合。

以「8」字作為銀幣外貌的托克勞（Tokelau）龍鳳仿古銀幣於 2021 年出產，數字「8」在中國人眼中代表好運，發音與「發」近似，是一個「好意頭」的銀幣。至於銀幣的「8」字外形把龍與鳳連成一體，在高浮雕復古打造之下，生動活潑，充滿立體感，其另一面則是英女皇伊莉莎白二世的官方肖像，含有 3 盎司的 99.9% 精銀，全球限量 333 枚。

iii. 庫克群島「情人節快樂」 99.9% 心形精鑄銀幣

這枚重 0.64 盎司的情人節心形銀幣是 CIT「Silver Hearts 系列」中，第四枚以「情人節快樂」為主題的精鑄銀幣。設計師一直喜歡用天使、花卉、心形圖案和天鵝等元素來表達愛的主題。自 2014 年以來，心形銀幣上更鑲嵌了施華洛世奇水晶，華麗花卉設計讓這系列從眾多同類主題幣中脫穎而出。

2021 年版本仍沿用這個令人喜愛的設計概念，心形施華洛世奇水晶花朵，配以一對可愛的小鳥，每枚銀幣配以精美的展示盒及附有產品證書，限量發行 2,021 枚。

iv. 乍得共和國龍鳳高浮雕仿古銀幣

龍和鳳是中國傳說的吉祥瑞獸，分別代表陰、陽兩極，結合起來喻意天作之合，非常合襯及完美之意。這枚仿古銀幣按照陰陽符號（太極）的設計，將龍幣與鳳幣精確地切割成兩枚水滴形的銀幣，兩幣亦可結合一起，變成一枚圓形銀幣，有永結同心的意思。

龍幣與鳳幣均採用 "Bi-Metal Reverse" 嶄新鑄造技術鑄造，每枚銀幣均以 2 盎司白銀作為底層，與面層 5.75 盎司的銅互相結合，營造出超高浮雕與仿古效果，全球限量 500 套。

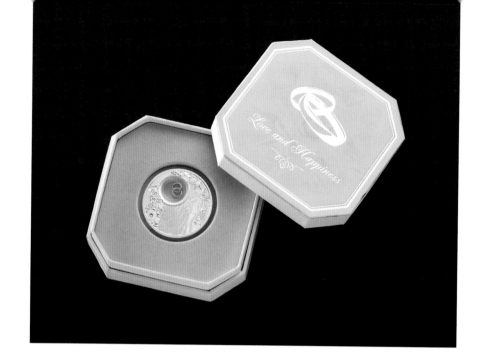

v. 澳洲結婚精鑄銀幣

婚禮是一個無與倫比的快樂時刻，既見證一雙戀人找到願意共度一生的另一半，也慶賀新家庭成立的開始。銀幣的背面刻劃了一對新婚夫婦擁抱的圖案，並且附有以金絲繞成的一對婚戒作為裝飾，及以鑲嵌了施華洛世奇水晶的花朵作配襯。銀幣的正面則有英女皇伊莉莎白二世的肖像，以一顆心和音符伴隨。

這枚含有 28.28 克的 99.9% 精鑄銀幣，全球發行 999 枚，每枚銀幣配以華麗的收藏盒，附印有銀幣主題的彩色封套及產品證書。

vi. 加拿大 DC 漫畫 ── 「超人」之盾精鑄銀幣

以 20 世紀 80 年代的 DC 漫畫為藍本，這枚銀幣採用了 DC 漫畫中的超級英雄──「超人」為設計主題。

這枚銀幣採用了代表超人的 "S" 標誌，在 "S" 字上添加了紅色琺瑯層，銀幣設計顯得無與倫比。搶眼的透明紅色琺瑯層上，拼貼出漫畫中的動作場景，透視著超人在不同時代中的演變，每一幕都令人印象難忘。

超人之盾精鑄銀幣含有 10 盎司的 99.99% 精銀，每枚硬幣均配以皇家鑄幣廠的專用收藏盒，附印有超人主題的彩色封套及產品證書，全球限量 1,500 枚。

vii. 澳洲蛋白石系列 ── 農曆生肖鼠年精鑄銀幣

這枚 1 盎司的 99.99% 精鑄銀幣，以代表進取的生肖鼠為主題，是另一個獨立系列，不屬於「澳洲農曆生肖系列」。鼠圖案更採用迷人的正宗澳洲蛋白石製成。這枚銀幣豐富了整個 2020 年農曆生肖銀幣系列，銀幣的背面結合了兩塊面板。中心面板以純澳洲蛋白石為材，刻劃出鼠的圖案。

外圍面板是 99.99% 純銀，描繪了由山谷小花及漂亮的百合花交織成的圖案，而設計還刻有 "YEAR OF THE MOUSE" 和「鼠」的漢字。全球限量 5,000 枚銀幣。

Chapter 2 鑄造篇

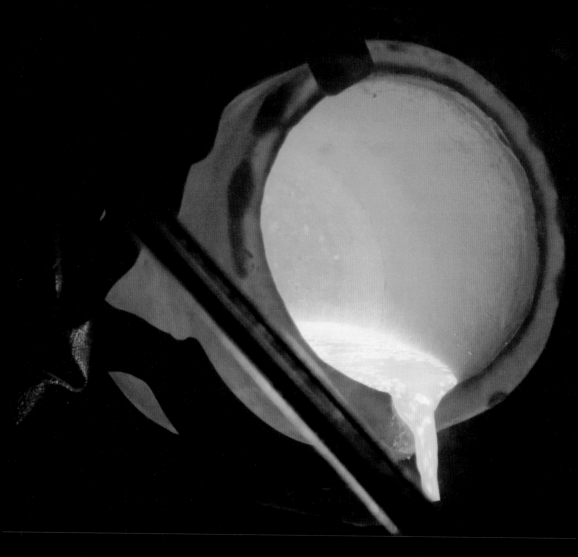

世界著名
鑄幣廠

鑄幣廠,又稱鑄幣局或造幣廠,

是國家貨幣的主要生產商,

負責製造硬幣,用於流通或出售予收藏家。

所以説硬幣和鑄幣廠的關係可謂一脈相連。

最早期鑄幣的主要方法是鑄打(Hammered coinage)

或鑄造(Cast coinage),但以這些方法出產的幣量很少。

到了近代,鑄幣廠技術進步了,均採用錢模

(Coin Die)以批量製作硬幣,

被製成機製幣的硬幣坯餅(Planchet),

數量可以億計。隨着貨幣大量生產,

在鑄幣時必須考慮生產成本,而幣值和

成本之間的差額稱為「鑄幣税」,

它是支撐鑄幣廠運作的基本原則。

除了造幣,不少鑄幣廠也會鑄製硬幣以外的

金屬製品,如體育比賽的獎章。

2.1
英國皇家鑄幣廠 （The Royal Mint）

皇家鑄幣廠是由英國政府所擁有的鑄幣機構，以皇家鑄幣公司（Royal Mint Ltd.）的名義營運，屬於英國財政部全資擁有的公司。皇家鑄幣廠除了生產英鎊硬幣之外，每年平均為 60 個國家製造硬幣和獎章，為世界各國生產貨幣和出售軍用物品，佔其總銷售額約 70%。

英國皇家鑄幣廠前身起源於公元 886 年（即 1,100 多年前），

古時候它一直為英格蘭王國、大不列顛王國、以及大英帝國生產法定貨幣，可說是見證英國從古至今無論政治或經濟的動盪和興衰，是英國的歷史寶庫。

說回英國造幣之發展，可追溯至公元 650 年時代，當時倫敦的貨幣都是手工製造的。及至公元 886 年，阿爾弗雷德大帝統治時期，倫敦鑄幣廠成立，在倫敦塔內營運了約 800 年之久。1812 年，倫敦鑄幣廠從倫敦塔遷至東史密斯菲爾德的塔山，正式命名為「皇家鑄幣廠」。 新廠房配備了當時最新以蒸汽推動的生產機器來增加產量。到了 1899 年，英國皇家鑄幣廠每年已經可以鑄造一億枚硬幣。1966 年，議會通過決定將貨幣進行十進制化。

1967 年，隨著英國貨幣改為十進位制，鑄幣廠調整營運，再從倫敦搬到位於威爾斯的蘭特里森特（Llantrisant）現址。2009 年，在英國民營化的浪潮下，皇家鑄幣廠不再屬於政府行政機構，轉為英國財政部全資所擁有的國營企業。鑄幣廠身份轉型後，也隨之調整營運策略，經營貴金屬業務，並開發遊客中心創造觀光收入，以擴大其商業利益。

承鑄多個國際紀念鉅鑄項目

英國皇家鑄幣廠曾承鑄多個國際紀念鉅鑄項目，包括英女皇皇權系列、英女皇神獸系列、維多利亞女王誕生 200 周年、英國王儲查理斯 70 大壽、哈利王子皇室大婚、英國皇室四代同堂、

英國溫莎王朝百周年、英國皇室世紀鉑金婚、英國菲臘親王無私奉獻、英女皇登基 65 周年藍寶石禧等，而香港的豬年精裝紀念金章，也是來自英國皇家鑄幣廠。

英國皇家鑄幣廠得到國際認可及成為業界權威，全因為他們對鑄幣的嚴謹，其工藝考究，揉合傳統及現代科技，更運用 X 光儀器測試金屬的含量，以確保每一枚幣的純度與質量。皇家鑄幣廠一直是英國皇家御用之鑄幣機構，也是鑄幣業的創先者，名氣享譽全球絕非浪得虛名。

2.2
美國鑄幣廠（United States Mint）

美國鑄幣廠是美國負責製造流通性貨幣、法定貨幣和控制管理黃金儲備的政府機構。為應付當時國家統一貨幣體系的需求，國會通過了《鑄幣法》，於 1792 年創立國家鑄幣廠。選址費城，即當時美國的首都，興建第一所鑄幣廠，是政府根據憲法建立的第一座聯邦建築。1799 年，鑄幣廠成為獨立組織。有一段時間，鑄幣廠為美國軍隊生產了所有軍用金屬配飾，直至現時它仍有製造國會的官方黃金獎章。

1873 年，美國通過另一項正式「鑄幣法案」，美國鑄幣廠正式成為美國財政部轄下機構，目前有四個主要的鑄造據點，分別位於費城、丹佛、舊金山和西點，並在諾克斯堡設有金銀庫。

鑄造四大據點

最大規模的鑄幣廠位於總部費城，第一代建於 1792 年。1793年正式投入運作。費城鑄幣廠負責鑄造紀念幣（Proof coin）直至 1968 年。除了少數硬幣，在費城鑄造的硬幣沒有鑄上標記。到 1980 年，該廠鑄造的硬幣才加上「P」標記。現時費城鑄幣廠負責製造印模，雕版和設計部門也設於該廠。

丹佛鑄幣廠前身為官方檢驗黃金

的地方，開設於 1863 年，即當地發現金礦的 5 年後。於 1895 年，美國國會將丹佛工廠改建為鑄幣廠，並於 1906 年生產了第一批金銀幣，標記為「D」。至 20 世紀初，丹佛鑄幣廠每年處理黃金和白銀的總值超過 500 萬美元。

舊金山鑄幣廠因應加利福尼亞淘金潮而在 1854 年開設，標記為「S」。它曾在 1955 年停止鑄造及生產，後來於 1960 年代中的硬幣短缺期間重開。1968 年，它取代費城鑄幣廠鑄造精鑄紀念幣，由 1975 年起，它幾乎只鑄造紀念幣。

至於西點鑄幣廠位於紐約西點，是最新的廠房。其前身為西點金庫，於 1938 年成立。直至 1973 年，該廠協助生產便士以減輕其他鑄幣廠的生產壓力，並從 1980 年開始生產金牌。1988 年，該廠正式成為官方鑄幣廠，亦是現時美國唯一鑄造美國鷹揚金幣、銀幣及鉑金幣（American Eagle bullion coin）的地方。

美國鑄幣廠在國際的貢獻很大，包括製造硬幣、製造和銷售全國性紀念章、設計和製造國會金章、設計、製造和銷售紀念硬幣、保管黃金儲備和向聯邦儲備銀行發行硬幣。他們曾鑄造不少經典鑄幣，最受世界歡迎是 1 盎司的美國水牛金幣、美國鷹揚金銀幣等，後者意義重大，其自由女神與白頭鷹設計，標誌著美國和平與自由的精神。

2.3
加拿大皇家鑄幣廠 （Royal Canadian Mint）

加拿大皇家鑄幣廠成立於 1908
年，總部位於加拿大渥太華，它
是加拿大的國有企業，由加拿大
政府完全擁有。1965 年，楓葉
圖案被印在加拿大的國旗上，於
是，楓葉就成了加拿大顯著的特
徵。1979 年，加拿大皇家鑄幣
廠發行第一枚 1 盎司 99.9% 純
度楓葉金幣，正面是英女皇伊莉
莎白二世肖像。而 1988 年，加
拿大皇家鑄幣廠發行第一枚 1 盎
司 99.99% 純度楓葉銀幣，銀幣
的正面是英女皇伊莉莎白二世肖
像，背面是楓葉。

説到出產類別，加拿大皇家鑄幣
廠負責鑄造所有加拿大的流通
硬幣，亦代表其他國家生產流
通硬幣。此外，鑄幣廠也負責設
計、製造貴金屬和基本金屬紀念
幣，包括黃金、白銀、鈀金、鉑金
「條」、「幣」、勳章、獎章和代
幣等。而我們最為認識的，是加
拿大楓葉金銀幣，它是世界上最
受歡迎的現價幣之一，純度達到
99.99%，並且擁有極佳的防偽特
徵。楓葉銀幣只發行 1 盎司版本，
而金幣則有 7 種，分別為 1 克、
1/25 盎司、1/20 盎司、1/10 盎司、
1/4 盎司、1/2 盎司及 1 盎司。

以往，加拿大皇家鑄幣廠曾多次創下先河，先後研發不少產品。例如首枚彩色硬幣、首枚全息圖硬幣及不規則硬幣、首枚 5 盎司 99.99% 純銀幣、首枚使用等離子技術上色的硬幣，以及推出首枚價值百萬美元的硬幣。

增加安全性

加拿大皇家鑄幣廠向來對鑄幣質素非常嚴謹，從 2014 年開始，出產的每一枚 1 盎司楓葉幣都採用最新的 Bullion DNA 防偽技術，用微雕刻激光技術刻上小楓葉秘密標記，需要在放大鏡下放大數倍才清楚可見，而每個金幣的微雕刻都有編碼掃描和紀錄在鑄幣廠的數據庫裡，以便為未來每枚金幣通過讀取器掃描它們的編碼驗證，是否與加拿大皇家鑄幣廠的安全數據相匹配，目的為在市場上流通的金幣作出最高的檢測。

2.4
中國印鈔造幣總公司
(China Banknote Printing and Minting Corporation)

中國印鈔造幣總公司是中國人民銀行直屬的國家法定貨幣印製企業，由中華人民共和國政府擁有。中國印鈔造幣總公司主要負責人民幣印製與鑄造、鈔票紙幣、銀行信用卡的研製生產、印鈔造幣專用機械和銀行器具製造，此外還負責印製增值稅專用發票、有價證券、銀行專用票據、高級防偽證書等工作。中國人民銀行將印鈔和造幣業務分開，指定的造幣廠總共四家：包括 1896 年成立的瀋陽造幣廠、1920 年成立的上海造幣廠，1985 年成立的南京造幣廠，和 1933 年成立的深圳國寶造幣廠。前三所造幣廠隸屬於中國印鈔造幣總公司，只有深圳國寶造幣廠隸屬於中國人民銀行總行中國金幣總公司，四大造幣廠技藝各有千秋、分工明確，但造幣過程中並沒有刻上特別印記來區分以上幾間造幣廠。在中國鑄製的金銀幣中，尤以中國熊貓幣及中國世界著名遺產系列最具收藏價值。

2.5
珀斯鑄幣廠（The Perth Mint）

建於 1899 年的珀斯鑄幣廠，是澳洲其中一家知名鑄幣廠。但論古老，悉尼鑄幣廠和墨爾本鑄幣廠建於更早年代，由於此兩所鑄幣廠已經關閉，珀斯鑄幣廠便成為澳洲歷史最悠久又仍然營運的鑄幣廠。

1896 年，西澳洲首任總理約翰佛瑞斯特爵士為珀斯鑄幣廠奠基。1899 年作為英國倫敦皇家鑄幣廠分支機構的珀斯鑄幣廠正式開始鑄幣，它是當時倫敦皇家鑄幣廠建立在澳洲的三個主要鑄幣廠之一，另外兩個分別是悉尼鑄幣廠和墨爾本鑄幣廠。

19 世紀，澳洲仍然需要作原始開礦，勘探回來的金屬品，會運到英國鑄幣廠進行加工、鑄造，完成後再運回澳洲使用。但這個

過程往往令鑄造成本大增，英國政府為減省開支及鑄幣負擔，決定在澳洲興建多所鑄幣廠。1970年，珀斯鑄幣廠回歸西澳洲政府管轄。在 1983 年之前，珀斯鑄幣廠還負責生產大部分澳洲的低面值硬幣。直至 2000 年，廠房已經精製了 4,500 噸的黃金，相當於人類黃金總生產量的 3.25%。

珀斯鑄幣廠一直生產和精煉大量的黃金和錢幣，包括澳洲金塊金幣、樹熊銀幣、笑翠鳥銀幣和生肖系列等普製硬幣和金條，為收藏家和投資者提供不同的精美鑄品，奠定在世界上舉足輕重的鑄幣廠地位。

創下健力士世界紀錄

袋鼠是澳洲特有的野生動物，具有代表性，珀斯鑄幣廠將它們的可愛形象呈現在大小不同的硬幣上，而以袋鼠為經典設計圖案的金銀幣不經不覺已有 30 多年歷史。每一枚硬幣都依據 1965 年澳洲貨幣法案作為法定貨幣發行，其正面描繪了伊莉沙白二世女皇的尊貴頭像。

要說最令人印象深刻的，必定是珀斯鑄幣廠在 2011 年鑄造了世界上最大、最重和最有價值的金幣，打破了加拿大皇家鑄幣廠的紀錄。這一枚金幣直徑大約 80 厘米，厚 12 厘米，以 99.99% 純金鑄造，重量為 1 噸。金幣背面是袋鼠，正面是英女皇的頭像，金幣上的面值是 100 萬澳元，但其市場估價為超過 5,000 萬澳元。而 2012 年，這枚 1 噸重的澳洲袋鼠金幣，更獲得「世界最大金幣」的健力士世界紀錄。可見珀斯鑄幣廠的高水準，令全世界都認識澳洲。

2.6
奧地利鑄幣廠（The Austrian Mint）

奧地利鑄幣廠前身——維也納鑄幣廠成立於 1194 年，算是歐洲其中一間仍在運作的古老鑄幣廠。話說當年英國國王理查一世率領英軍參加第三次十字軍東征，在返回英國途中不幸遇到風暴，他不得不與隨從經陸路穿過中歐，卻在維也納附近被奧地利公爵李奧波德五世捉走，並扣押至 1194 年，英國最後支付了 35 噸白銀贖金，把理查一世贖回。後來，奧地利公爵決定把瓜分而來的 12 噸白

銀，除用作修建軍事要地的經費外，部分則用來鑄造銀幣，開啟了維也納 800 多年輝煌的鑄幣歷史。

音樂之都聞名於世

隨著 1918 年奧地利共和國成立，維也納鑄幣廠成為該國唯一的鑄幣廠，並一直沿用至今。1989 年，它正式易名為「奧地利鑄幣廠」，並成為奧地利國家銀行的子公司，奧地利鑄幣廠是奧地利國家的官方授權鑄幣廠，最初鑄造以「先令」為單位的貨幣，作為歐盟經濟體系的一部分，現在亦是生產及發行歐元流通硬幣的生產商。它除了鑄造金牌、金條、黃金飾物外，還出產金銀幣以及仿古幣等。自 1955 年以來，他們每年會發行兩款精鑄紀念銀幣，主題一般為奧地利著名歷史事件。另外，還有如哈布斯堡王朝皇冠系列金幣、歐洲傳説系列銀幣、史前生物系列等等，都具有很高的收藏價值。而最享負盛名的，莫過於鑄煉維也納愛樂團金銀幣，成功吸引不少管弦樂愛好者收藏。奧地利鑄幣廠有 800 多年歷史，憑著數百年優秀工藝經驗和先進技術，令它成為世界上最知名的鑄幣廠之一。

認識
投資方程式

金銀幣，除了收藏，也有保值及投資功能。不妨多留意
外匯金融市場走勢，以減少在買賣過程中的風險，
同時體驗更多收藏的樂趣。

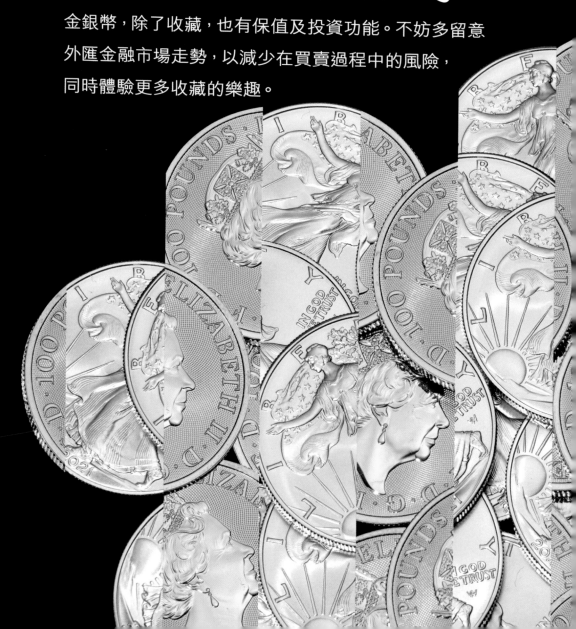

3.1
投資要注意事項

到底為甚麼要投資金銀幣呢？讓我先解說金銀是怎樣的產物。

黃金和白銀都是屬於天然礦物，隨著近年過度開採，這些資源愈見罕有。現今社會，縱使鈔票已經非常普及和流通化，卻因近年社會動盪、世界各地戰亂頻仍，金銀成為了國際最認可的通行證。容許我作一個大膽假設，若果他日面對打仗，我們慣常用的貨幣如：港幣、美金會變成怎樣？有可能隨時變成一堆廢紙。股票、債券也有機會一夜消失於無形之中。最後，還是回歸原點：金和銀。以往歷史所見，在戰爭時，有甚麼是歷久不衰、最穩妥呢？這就是金銀的地位。

從古至今，金銀傳統上都是抗通脹的工具，亞洲地區尤其華人市場，對金銀的熱愛特別強烈，所以絕對有一定的保值作用。很多人最初只會買金條銀條，只求實在價值。久之，慢慢開始講求金銀產品的美觀性，對設計要求增加，渴望能收藏、保值兼備。這時候就可選擇升值潛力強的收藏金銀幣。

從中發掘無窮樂趣

現在我們分析一下金銀幣投資的條件。首先，我們要考量自己到底是希望作投資之用還是想收藏。若是前者，就需要在購買前為自己做好功課，研究哪些金銀幣可作長線投資，而哪些是屬於「短炒」。雖然金銀幣市場並非像證券或樓市般大起伏，但還是會隨著經濟狀況出現波動。

若只是後者，出於收藏嗜好。不妨透過收集金銀幣時，鑽研它們背後的故事及歷史淵源，你會發現能夠從中得到很多知識、樂趣及了解不同文化。當你從心熱愛，自然能得到無窮滿足感，以及理性投資的真正樂趣。

多留意周邊動態

不論你是收藏或投資金銀幣，都同樣要對金銀幣有相關認知，並要發掘獲得金銀幣相關資訊的渠道。其實只要你在網上瀏覽器上輸入「金銀幣」，必定會出現很多有用的訊息，包括主流媒體的收藏專版、錢幣拍賣會行情、各大外國、中國和香港金銀幣專賣網等。

此外，你也可留意金銀幣的時效性，例如那枚幣是否曾於國內外獲得大獎？是否由著名設計師所設計？也可留意它的發行量與市場存量，這些都是直接影響此收藏幣的價值。

保持良好的心理狀態

買賣金銀幣，首先需要建立一個正面的心理狀態，才能夠以正能量面對這個「浮動市場」，學會觀察風向，預測走勢，提早作出判斷和行動。

新手入門

很多新手想買金銀幣，卻不知如何入手。對此，我最重要的格言是「一定要緊貼金銀價」。此外，新手初買還是建議小試牛刀，切忌買太貴的金銀幣。所以，我會建議他們可先從「世界五大名幣」（Chapter 4 有所介紹）作為入門。因為它們的溢價是最貼近金銀價格，而且它們都已經歷一段日子發展，可信性較高。

從上世紀 80 年代開始，這「五大名幣」已全球化，有國際的認受性，相對容易賣出。若你考慮以其他金銀幣入手，便緊記購買擁有外國鑄幣廠認可的金銀幣。

3.2
香港和國內的對價

香港的黃金是跟隨國際制度，以金衡盎司作單位（英語：Troy ounce；符號：oz.t）；中國則以「克」做計算單位。以「世界五大名幣」做例子，加拿大楓葉幣、澳洲袋鼠幣、美國鷹揚幣及奧地利愛樂團幣都統一以 1 金衡盎司計算。唯獨中國的熊貓幣以 30 克為標準，換成盎司計算，會存在 1.103 克的差異。由此可見，在量度的單位上，香港和國內有著明顯的差價。我留意到很多國內店舖，都喜歡自己開價。至於對國內的金銀幣投資，我覺得國內人對收藏外國金銀幣仍處於陌生的狀態，所以市場佔有比例並不算多。以我所知，他們還是較喜歡購買金條或者飾金作投資用。

金銀冷知識

金衡盎司是國際上計算黃金白銀等貴金屬的基本單位。
大家購買金銀產品時所見到的產品重量單位「盎司」及本書中
經常提及的「盎司」，都是指「金衡盎司」，而非一般接觸到的「常衡盎司」。

金衡盎司：重量單位，整體縮寫為oz.tr（英）、oz.t（美），
常見於金銀等貴金屬的計量。

1金衡盎司 = 31.1034768克
31.1034768克 = 0.83兩

3.3
全球經濟發展對投資金銀幣的影響

綜觀世界，不停有新鮮事發生，連鎖反應必然影響全球經濟波動。例如去年新冠肺炎疫症持續高企，或是中美貿易戰的種種因素，確實會令大家認為打仗的聲音似是愈來愈近，內心存在恐慌乃人之常情。所以金價由 1,300 美元升到超過 2,000 美元，正正引證當遇到恐慌和避險情緒高漲時，人心始終渴望走回原點——黃金與白銀，這是不爭的事實。

雖然全球經濟在 2020 年萎縮 4.3% 後已回復增長，但鑑於疫情造成大量人口死亡及染病，引致數以千萬計人陷入困境，經濟活動無疑受到大幅度影響，從而影響收入增長。

若是 20 年前，互聯網消息未算發達，人們也許會未了解太多貨幣背後存在的騙局。隨著資訊日益發達，人們開始變得聰明，看穿某些國家會輕易瘋狂地印製紙幣，繼而造市、收水、加息又減息等等…可以說是「你想點玩就點玩」。讓人們開始認清紙幣根本不存在誠信，也是讓金銀價格高企的原因。

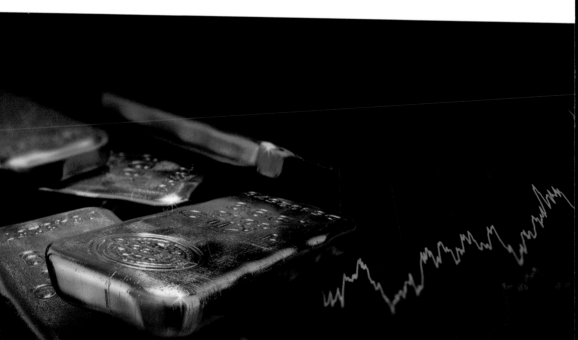

3.4
買賣平台及流程

很多人已懂得買賣金銀幣作保值用途。但更多是從收藏開始，慢慢才對金銀幣的投資感興趣，再上網尋找有關資料。以我所知，對金銀幣略有認知的，都會懂門路尋找心頭好。可是對於新手，很多時會有無從入手的感覺。

曾經有位朋友向我請教，詢問一間專營金銀幣買賣公司的資料，問我這公司是否可信，因為他在這公司相中一個價格合適的金銀幣。其實，以我所知這公司頗有名氣，不止我，很多人都認識這公司。這件事讓我明白到原來很多我們所熟知的金銀幣買賣公司，對一部份人來說相當陌生。感謝朋友眼中我是專業的，是他們的「活字典」，總會向我請教。這時候我也會樂意解答他們的疑問，有時候他們還會拿一些我認知以外的金銀幣要我估價。近 3、40 年的近代硬幣還可

以，如果是百年以外的歷史幣，我便會建議他去拍賣行甚至評級機構作評價。

無論如何，上網購買金銀幣前，也務必查核該金銀幣公司是否有信譽，那包括是否有長期買賣金銀幣的經驗、專業操守、外界給予的評價都很重要。若然有疑問，還是找對這方面專業的人士或朋友給予意見。

金銀幣市場的壟斷

亦有不少人會問我，某些金銀幣限量發行，當推出時難道不會有人趁機吸納，形成壟斷嗎？答案是「有的」。但真的視乎買家眼光，如果不小心「睇錯市」就麻煩了。其實每間鑄幣廠都有官方代理，這些官方代理的取幣限額當然比坊間零售店多。可是也有其風險，不少代理一不小心，眼光不夠銳利，也會發生「坐貨」的情況。

3.5
拆解金銀幣之謬誤

無論你是購買金銀幣收藏或投資，也總會聽過、甚至自己也曾誤解過以下的一些謬論，可以看看作為參考。

謬誤 1
很多人依舊認為買金條、金粒較「墜手」，才有保值作用，但其實金銀幣同樣都擁有相當的保值作用。

謬誤 2
以為銀行是買賣金銀幣最合適的途徑。其實銀行的業務並非專門買賣實體金銀產品。它們只佔銀行整體業務的一小部分，因此購入價自然會比專門買賣實體金銀或金銀幣買賣的公司高，比較不划算。

謬誤 3
喜歡用牙咬實金來辨真假。可能因為黃金的原有質地很柔軟，需要加入輕銅才會變硬。所以大部分人總是以為「咬得入」就是真金，其實金銀產品已有一定硬度，若咬下去，往往在「驗明真身」前已經「崩牙」了。

謬誤 4
俗語有云「真金不怕洪爐火」，但實情是黃金遇熱便很快會熔。

謬誤 5
一般以為鑽石戒指下的鑽石托是白銀，其實大部份都是鍍了銀色的黃金。

3.6
買金的注意事項

買金之後，可有想過如何處理？一般人該會想到放入銀行的保險箱。可惜今時今日要向銀行租賃保險箱也不是易事，申請時難免要排隊，一等可能等上好幾年。因此可以的話，我建議可在家添置一個小型夾萬存放黃金。

想保障再多一點，坊間有專門提供貴金屬保安存儲服務的公司，他們的保險箱服務非常創新和靈活，常備有不同尺寸的保險箱以滿足客人的需求，更會為客人制定個性化的方案來配合客人繁忙的生活步伐。這種一站式保安及物流服務，既可保障財物之安全，也讓客人能隨時隨地檢視及存取財物。

若需比較大量的存儲空間，這類公司也會提供保險庫服務。客人可以按需要及喜好挑選專屬的存儲空間，配備精密保安系統，便可以安全地存儲較大量的黃金白銀。這些服務會提供高額的責任保險，讓客人多添一份信心與保障。

另外，如果你選擇買實金，可以購買同款同重量的金粒或金條，以方便計價。若果需要買大量黃金，可以逐少逐少買。最好分拆成若干小塊的，方便攜帶出外買賣。但逐少買的話，溢價會比較高。雖則買一大塊黃金的溢價相對便宜，卻有難於收藏的問題。此外，我不建議在外地買實金，因為外國買賣黃金涉及稅項，運送回港亦有安全問題，加上香港的專門店向來對金銀處理偏向嚴謹，在香港買賣，則不用擔心成色差異，質素也有保障。

3.7
買金文化年輕化

買金，很多人以為是老一輩才會做的事。印象中公公婆婆喜歡買金粒銀粒，然後偷偷放到床底，其實背後原因也是因為它能換到錢。黃金本身是零售商品，現在經常提及「通脹」令物價上升，而黃金與一碗麵無疑，同樣會受通脹影響，隨著時間流逝會讓金價上升，因此黃金可以用來炒賣甚至抗通漲。黃金在 90 年代都只是維持 1 盎司賣 100 多美元，現在已經升至約 1,800 美元（註：2021 年 9 月份）。如果你不想儲下來的金錢，因通脹而貶值，同時又想儲幾年都依然不減其價值，甚至會跟隨通脹上升的，那麼不妨為自己買些會保值的零售商品，那就是黃金。近年我發現買金銀幣已趨向年輕化，平均是 35 至 50 多歲，尤以女性投資者較多，購買者多數是一班開始有點儲蓄，接近中產又懂得計劃退休的人士，由此可見，大家都感受到投資金銀的重要性。

3.8
買賣小貼士

某些新手投資金銀幣都會遇到同類問題,就是怎樣購買有保值作用的金銀幣?我不妨舉一個例子,澳洲農曆生肖紀念幣系列,到現在已經推出了 3 套設計,分別是 I、II 及 III。這個系列每 12 年便會推出一個新的設計,因此是絕對有其收藏價值,亦具有升值潛力。不過須緊記要收藏同一設計的一整套,不能夠將三套設計硬拼成一套的 12 生肖系列作為收藏。另一個例子,英女皇神獸系列的 10 盎司精鑄版銀幣套裝,其中一枚(2021 年最終版)全球只推出限量 125 枚,但坊間會有很多人只購買單枚作收藏,令能夠收藏全套的難度更高。

對於這類套幣,若你想收藏一整套,以作將來投資之用,那你最好花點耐性每年逐枚購入。否則往後當你想擁有整套的話,你便很難甚至無法再找尋一整套完整的套幣。因為很多金銀幣都被當年散買的人搶買了。那麼,真的沒有其他方法找到想要的金銀幣嗎?這也未必,你可以透過專門買賣金銀幣的公司幫忙尋幣。畢竟行內人比較熟悉行情及門路,我們也曾經幫客人找過 1996 年的澳洲農曆 12 生肖系列 I 的 1/4 盎司金幣,結果整整花了兩個多月,才能成功為他找齊一整套。此外,在金銀幣推出若干年後,它便會升值或成為珍品,你可以嘗試到拍賣會碰碰運氣,偶然會遇到一些收藏家把當年散買的紀念幣拿出來拍賣,這樣你便可以有機會購回。再不成,可試試到網上看看有沒有人放售,也是不錯的方法。

3.9
硬幣的真假

市面上由於有太多能購入金銀幣的地方，所以要認清你所買的硬幣孰真孰假。首先你可選擇一些信譽良好的公司，當大家買金銀幣時，需要留意有很多不老實的商店，會喜歡混水摸魚，用銅代替金幣，再於外層鍍上金色造假，模仿度可以很高，難以單憑肉眼察覺真假。若你想知道自己所買的金銀是否「真材實料」？其實別無他法，把它熔掉，或者切開其中心來斷定。不過也毋須太擔心，今時今日要做假需花上很多功夫，而且很多鑄幣廠也會推出一些帶有防偽特徵的金銀幣，造假也相對愈來愈難了。

3.10
硬幣的保養心得

金銀，都是天然礦物。既是礦物便很容易受外來物質、環境等影響而變色，或是氧化，尤其銀更甚。

我們經常看古裝片，古代皇帝微服出巡，都會用銀針試驗食物有否被落毒，假若有毒會立即變了顏色。說回銀幣為何會變色，全因銀對空氣以及人手上的油脂很容易產生化學反應。假若把銀放在潮濕的地方，接觸空氣一段時間，便會起「奶點」。當銀接觸到人手上的油脂，如果不立刻清潔，便會氧化又或者變紅。若是遇上「起奶點」，可以用橡皮擦輕輕把污點擦掉，也可以使用專門抹銀的濕紙巾或火酒清理，再以白開水清洗後抹乾。很多人喜歡把銀幣放在袋中或銀包裡，認為「好意頭」；甚至經常放在手上把玩，把硬幣放在手中滾來滾去；更甚者有些人將銀幣任意放在桌上。以上行為我也不建議，假若銀幣變成黑色，很多時即使用盡方法清理都不能補救。到了這一步，我只能說唯一的方法是把它熔掉。道理就如一塊染了污積的冰，需將它溶掉，才能把污積清理，使用過濾後的潔淨水急凍變回一塊冰。不過，銀幣熔掉後就只能變賣，因為它很難回復原狀了。假若真的需要為金銀幣做補救，可以去評級機構做護理，同時為它進行評級，這些機構有專業的護理師及儀器，會為這個「失救」的硬幣護理（俗稱沖涼）。未必能百份百變回原貌，但至少可清理及補救個七、八成。繼而找專業的評級師評分後，再用盒封起來。真空處理後的硬幣便不會再容易變壞。

值得**珍藏**的
金銀幣

古從今來，世界各地發行的金銀幣
種類多不勝數，但在市場上比
較著名的，是英國英女皇
神獸幣、澳洲12生肖幣、
中國世界遺產幣及世界
五大名幣。世界五大
名幣包括了中國熊貓
幣、加拿大楓葉幣、澳
洲袋鼠幣、美國鷹揚幣
及奧地利愛樂團幣。

4. 1
英國英女皇神獸系列

英國神獸遠在 14、15 世紀經已存在，被喻為英國皇室的「Legend」。

系列中的十大神獸，分別是英格蘭雄獅、愛德華三世獅鷲、威爾斯紅龍、蘇格蘭獨角獸、克拉倫斯黑牛、金雀花獵鷹、蒲福氏羊角獸、莫蒂默白獅、漢諾威白馬、列治文白格力犬，它們代表了英國古代的 10 位君主，同時也是為其家族及皇權而設的守護神，就如中國皇帝以龍象徵權勢以守護其王朝一樣神聖。

1953 年 6 月 2 日，英女皇在西敏寺進行加冕典禮，英國皇室把這 10 隻神獸賜予英女皇，並於入口處陳列了這十座神獸紋章雕像作為守衛者，以保她平安，能為人民謀福祉，希望往後大英帝國風調雨順。

究竟神獸代表甚麼？它們乃象徵英國君主制度，而英女皇神獸紀念幣系列無疑為神獸注入新生命，此神獸系列由英國皇家鑄幣廠發行，整個神獸金銀幣系列均由著名雕刻師喬迪 · 克拉克（Jody Clark）設計。

系列的設計靈感源自於紋章、神話和傳說中的神獸，全套設計共 11 枚。每一枚金銀幣背面的神獸都具有其代表性，突顯出英國皇室的權力、地位以及源遠流長的皇室歷史。至於最終枚（第十一枚），則集結十大神獸於同一枚紀念幣中，正面則刻有英女皇的第五肖像。

2016 年，英國鑄幣廠推出首枚神獸紀念幣，之後逐年推出兩個神獸系列設計。當時英國鑄幣廠只推出兩款規格的紀念幣，分別是 1 盎司金幣及 2 盎司銀幣，推出後發現市場反應熱烈。鑄幣廠似乎不想這個收藏熱潮減退，於是推出精鑄版，甚至推出不同的規格以滿足市場的需求。較受市場歡迎的有普鑄金幣（1/4 盎司、1 盎司）、精鑄金幣（1/4 盎司、1 盎司、5 盎司、10 盎司、1 公斤）、普鑄銀幣（2 盎司、10 盎司）、精鑄銀幣（1 盎司、2 盎司、5 盎司、10 盎司、1 公斤、2 公斤）。其實英國人向來對英國皇室都很尊重，基於這個情意結，當地人都會購買以作為一種敬仰和朝聖。

4. 1A
英格蘭雄獅（Lion of England）

發行年份：2016

設計特色：以英格蘭雄獅為設計，描繪獅子用後腿站在皇室的紋章盾牌後面。

英格蘭國家足球隊被稱為三獅軍團，球迷對此稱號應該不感到陌生。

古代中世紀的英倫三島，獅子是圖騰，當時的英國皇家兵器上都會印上 3 隻獅子，彰顯著皇家權力的威嚴。承襲傳統，英格蘭國家足球隊的隊徽上也有 3 隻獅子，因此英格蘭球迷稱自己的球隊為「三獅軍團」。眾所周知，英格蘭獅子聯同威爾斯紅龍及蘇格蘭獨角獸，被英國人喻為三大吉祥物。

獅子是皇家紋章中最早出現的動物之一，牠象徵著勇氣和力量。要數英格蘭首件以獅子為圖案的裝飾品，可追溯到 1127 年亨利一世時期，當時他送給女兒瑪蒂爾達（Matilda）及其夫婿若弗魯瓦（Geoffrey Plantagenet）的結婚禮物。

英格蘭的傳統觀念上，盾牌是極神聖的武器，因此必定刻有獅子圖案，例如古代英格蘭諾曼國王（Norman Kings of England），就是用了這凶猛野獸作為標記，甚至沿用至今。

設計師喬迪・克拉克（Jody Clark）將數百年的傳統與現代設計相結合，創造出別具王者氣派的設計。英格蘭雄獅正面設計為英女皇的第五肖像。

說回它們的投資價值，2016 年推出首枚英格蘭雄獅金幣時，是以現價幣價格出售，大概約 13,000-14,000 元。2017 年，愛德華三世獅鷲和威爾斯紅龍相繼推出，隨著時間流逝而成絕版的英格蘭雄獅金幣立刻升值，現值兩萬多元。

4.1B
愛德華三世獅鷲（Griffin of Edward III）

發行年份： 2017

設計特色： 以愛德華三世獅鷲為設計，描繪獅鷲以爪抓著刻有溫莎城堡圓塔的盾牌。

獅鷲在波斯神話中被稱為「Homa」，常用於宮廷內的雕塑和標誌，因此在古代建築經常見到它的蹤影。不少考古學者認為，獅鷲的靈感可能來自古人對角龍下目恐龍化石的聯想，這類恐龍以巨大的頭部與鳥喙狀的嘴為特徵。

獅鷲半獅半鷹的造型結合了百獸之王與百鳥之王的特質，是一種流行於西亞到地中海一帶的傳說生物，亦可稱為「格里芬」、「鷹頭獅」、「獅身鷹」、「獅身鷹首獸」、「鷲頭飛獅」、「獅鳥」等。牠擁有獅子的身體及鷹的頭、喙和翅膀。由於獅子和鷹分別是陸地及天空的霸者，獅鷲被視為強大、尊貴的象徵，而牠比其他神獸的力量亦更大。

談及牠的歷史，必須追溯至12世紀，獅鷲當時就出現於英國紋章中，愛德華三世將牠刻在私人的印章上，並將其提升為皇室神獸。愛德華三世是中世紀英國皇權的象徵，也是位於溫莎城堡的嘉德勳章的創始人。

設計師喬迪·克拉克（Jody Clark）融合幻想與現實主義，展現出獅鷲充滿力量的一面，金幣的正面則刻劃了英女皇的第五肖像。

4. 1C
威爾斯紅龍（Red Dragon of Wales）

發行年份：2017

設計特色：以威爾斯紅龍為設計，紅龍勇猛地守護著盾牌。

龍，不止東方，同樣也是西方神話聖物之一。在歐洲，龍被視為一種可怕但強壯、有智慧和力量強大的生物。牠早被六世紀的編年史中所提及，亦稱為格溫內德傳奇國王卡德瓦拉德（The Legendary King of Gwynedd）的紅龍。後來亨利七世繼位，其軍隊在博斯沃思戰役中就是揮舞著火紅的龍旗。及至亨利八世也在他的船上使用一面綠白背景下的紅龍旗幟——都鐸王朝的顏色。多年來，紅龍一直是威爾斯的官方標誌，直到 1959 年，英女皇更將綠白底紅龍訂為威爾斯的官方旗幟。

設計師喬迪·克拉克（Jody Clark）將紅龍英偉的形象描繪出來，牠的翅膀張開，手握著紋章盾牌，氣勢如虹。在象徵守護之鍊甲背景襯托下，紅龍最真實的一面充份展現。金幣的正面刻劃了英女皇的第五肖像。

4.1D
蘇格蘭獨角獸（Unicorn of Scotland）

發行年份： 2018
設計特色： 以蘇格蘭獨角獸為設計，描繪獨角獸以後腿站立，前蹄跨在英格蘭紋章盾牌上方。

公元前 400 年左右，西方古人開始對犀牛或長角的野馬存在著一份情意結，慢慢對他們的描寫變得神話化，從而塑造了獨角獸的誕生。獨角獸本質為巨大、強壯和兇猛，但後來卻被馴服成為優雅的野獸，更象徵著純潔和力量。當年英格蘭國王詹姆斯一世（James I of England）便將獨角獸國家化，把他變成皇家軍徽之一，從此之後，獨角獸不時出現在軍隊盾牌之上。蘇格蘭獨角獸的身體呈乳白色，有金色的蹄、角和鬃毛，脖子上有一個皇冠，像項圈一樣，上面繫著一條金鍊子。從古至今英國人認為，這條鍊子象徵牠已經被馴服，以及是派來侍奉國王的神獸。此外，蘇格蘭的皇家盾牌上帶有獨角獸圖案，自蘇格蘭國王亞歷山大三世以來一直未變，意味民族的象徵，身份的認同。

時至今日，蘇格蘭獨角獸被廣泛使用，並出現在英國各地的標誌和紀念碑上。設計師喬迪·克拉克（Jody Clark）捕捉了獨角獸強大而優雅的氣質，並呈現在設計之上，金幣的正面刻劃了英女皇的第五肖像。

4.1E
克拉倫斯黑牛（Black Bull of Clarence）

發行年份：2018

設計特色：以克拉倫斯黑牛為設計，描繪黑牛站於展示皇家紋章的盾牌上。

克拉倫斯黑牛是一種「約克斯特（Yorkist）」野獸，牠源於愛德華四世年代。愛德華四世是約克家族的第一位英格蘭國王，也是「玫瑰戰爭」（Wars of the Roses）的發動者之一。在被稱為「造王者」的沃里克伯爵協助下，愛德華從亨利六世手中奪取了權力，推翻陷入困境的蘭開斯特王朝的統治。亨利六世逃往蘇格蘭，但後來短暫重返王位，最終於 1471 年在戰鬥中被愛德華擊敗，最後更被處決。

據說愛德華四世經常使用公牛作為象徵，他的軍隊在戰役中所持的盾牌上有公牛圖案。克拉倫斯黑牛是以第一代克拉倫斯公爵（1338-1368）——安特衛普的萊昂內爾而命名。自十五世紀以來，克拉倫斯黑牛一直是權力的象徵。1560 年代，伊莉莎白一世下令重鑄所有銀幣，這隻雄偉的黑牛自此出現在皇家紋章和硬幣上。

至十九世紀，英女皇的加冕典禮上，也看到克拉倫斯黑牛拿著帶有皇家紋章的盾牌。設計師喬迪·克拉克（Jody Clark）捕捉了黑牛之神髓，將其體態面貌之細節完美呈現。黑牛神氣地蹬高後蹄及如王者般將頭抬高，表現出其粗獷、充滿力量的一面。一隻前蹄跨在有皇家紋章的盾牌上。在象徵守護之鍊甲背景襯托下，黑牛最真實的一面充份展現。金幣的正面刻劃了英女皇的第五肖像。

4. 1F
金雀花獵鷹（Falcon of the Plantagenets）

發行年份：2019
設計特色：以金雀花獵鷹為設計，描繪一隻持有盾牌的獵鷹，而盾牌上則展示一個打開鐐銬束縛的小獵鷹。

獵鷹，是從金雀花國王愛德華三世一路傳承至英女皇。他選擇這個圖案以作表達他對獵鷹的熱愛，同時獵鷹也與他的曾曾孫愛德華四世有密切關係。若細心留意，英女皇在加冕典禮上那白色獵鷹手持帶有徽章的盾牌，盾牌上刻有愛德華四世的個人徽章——一隻坐在金色「鐐銬」或掛鎖上的獵鷹。鐐銬和獵鷹是約克和蘭開斯特家族的流行標誌，它們被愛德華三世的小兒子約翰和埃德蒙使用。約翰和埃德蒙使用的鐐銬總是被鎖上，也許是為了表明他們對王位沒有追求。至愛德華四世，鐐銬是打開的，象徵著愛德華對王位的渴求並登上王位。而亨利七世與「約克的伊莉莎白」（Elizabeth of York）聯姻，統一約克和蘭開斯特家族後，也經常使用獵鷹符號。另外，據說獵鷹也是伊莉莎白一世女皇喜歡的徽章，並在她統治期間成皇家神獸。

設計師喬迪·克拉克（Jody Clark）以金雀花獵鷹題材，憑藉敏銳的眼光和驕人的飛行速度，獵鷹成為大自然中令人印象深刻的野獸之一。在象徵守護之鍊甲背景襯托下，獵鷹最真實的一面充份展現。金幣的正面刻劃了英女皇的第五肖像。

4. 1G
蒲福氏羊角獸（Yale of Beaufort）

發行年份： 2019

設計特色： 以蒲福氏羊角獸為設計，描繪羊角獸站於盾牌之上。

相傳羊角獸是神話中的野獸，具有羚羊或山羊的特徵，頭上有兩隻大角。牠代表了優雅、力量和決心。據說，牠的角可以獨立轉動，所以在中世紀的插圖中，牠經常以指向不同方向的角來預示未來。

蒲福氏羊角獸是亨利七世的母親瑪嘉烈蒲福氏夫人（Lady Margaret Beaufort）的象徵。瑪嘉烈蒲福氏在玫瑰戰爭中擔當重要角色，作為都鐸王朝領導者，代表她的羊角獸所持的盾牌是瑪嘉烈徽章的藍色和白色，中央有一道金色的閘門。亨利七世也是使用這徽章，他由母親那裡繼承羊角獸後，再輾轉流傳到英女皇手中。

設計師喬迪·克拉克（Jody Clark）將羊角獸尊貴、獨特而英偉的形象描繪出來，氣勢如虹的羊角更成為整個設計的焦點。在象徵守護之鍊甲背景襯托下，羊角獸最真實的一面充份展現。金幣的正面刻劃了英女皇的第五肖像。

4. 1H
莫蒂默白獅（White Lion of Mortimer）

發行年份： 2020
設計特色： 以莫蒂默白獅為設計，描繪白獅用右爪抓住盾牌，露出左爪。

莫蒂默白獅是英女皇神獸系列中的第二隻獅子。事實上，牠與兇猛的英格蘭雄獅有點不同，莫蒂默白獅代表忠誠和紀律，沒有咄咄逼人的氣勢。嘉德勳章的始創人、馬奇伯爵羅傑莫蒂默（Roger Mortimer，1328-1360 年）首先使用牠，後來傳給約克家族，並被理查德二世和愛德華四世使用。

愛德華四世是約克王朝的第一位國王，代表了英格蘭歷史上的一個動盪時期。莫蒂默白獅子的特色，是手持一面帶有約克白玫瑰和太陽金色光芒的盾牌——

太陽圖案對愛德華四世很重要，他認為太陽是戰鬥中好運的預兆。與英格蘭雄獅不同，莫蒂默白獅明顯沒有皇冠，尾巴捲起，站在由兩個紋章徽章組合而成的盾牌後面，愛德華四世及其支持者經常使用這些紋章徽章。

這枚由設計師喬迪·克拉克（Jody Clark）設計的紀念幣，正面的是英女皇的第五肖像，背面則是描繪莫蒂默（Mortimer）白獅，突出了獅子最重要的部分——鬃毛、尾巴和盾牌。

4. 11
漢諾威白馬 （White Horse of Hanover）

發行年份： 2020

設計特色： 以漢諾威白馬為設計，描繪白馬站於漢諾威盾牌之上。

漢諾威白馬是英女皇從她的先輩漢諾威家族承傳下來的，代表女皇家譜及皇室血統。1717 年，德國漢諾威公國的統治者格奧爾格·路德維希（Georg Ludwig）繼承了英國的王位，即喬治一世（George I）。

他帶來了該地區的紋章，包括紅底白馬的紋章，在德語中稱為"Sachsenross"，在英語中稱為「漢諾威的白馬」。白馬手握的盾牌上有英格蘭的三隻獅子和一隻蘇格蘭獅子、法國鳶尾花、愛爾蘭豎琴和漢諾威的武器。漢諾威白馬對喬治一世意義重大，當時白馬圖案除了出現於軍服外，還出現在皇家辦公室的徽章上，巴斯勳章和漢諾威圭爾斐勳章所用的徽章也有白馬的圖案。

設計師喬迪·克拉克（Jody Clark）將白馬強大的身形輪廓描繪出來，其面部向右側，與神話中的獨角獸不同。在象徵守護之鍊甲背景襯托下，白馬最真實的一面充份展現。金幣的正面刻劃了英女皇的第五肖像。

4. 1J
列治文白格力犬（White Greyhound of Richmond）

發行年份： 2021

設計特色： 以列治文白格力犬為設計，描繪白格力犬站於刻上都鐸玫瑰及皇冠之盾牌上面。

白格力犬有著強健的體格與靈巧的智慧，同時象徵忠實與忠誠，牠原本是愛德華三世的皇家神獸，傳給都鐸家族前，與蘭開斯特家族有密切關係。

1449 年，亨利六世將里士滿伯爵爵位連同約克郡的相關封地授予他同父異母的兄弟埃德蒙都鐸（Edmund Tudor）。得到了賞賜及在亨利的允許下，埃德蒙可以使用以白格力犬作為特定版本的皇家紋章。

1485 年，理查三世在博斯沃思戰役（The Battle of Bosworth）戰敗後，埃德蒙的兒子被加冕為亨利七世，他用白格力犬展示了他的都鐸王朝和蘭開斯特王朝的血統，表明了他的統治權。

紋章中白格力犬抓著的盾牌顯示了都鐸玫瑰，結合蘭開斯特的紅玫瑰和約克的白玫瑰，象徵著亨利七世如何聯合其他家族作戰，以及結束這場「玫瑰戰爭」。

設計師喬迪·克拉克（Jody Clark）捕捉了白格力犬高貴、強大而優雅之神韻。金幣的正面則刻劃了英女皇的第五肖像。

4. 1K
女皇的神獸：最終版（The Completer）

發行年份： 2021
設計特色： 描繪十大神獸以繞圈方式守衛著英女皇。

1953 年 6 月 2 日，英女皇在西敏寺，於全國人民面前進行加冕典禮。當時 10 隻紋章神獸的雕像組成了儀仗隊，這些強大的皇家守護神，印證著幾個世紀的英國歷史。10 隻神獸被喻為王位繼承人的守護神，在英女皇登基後，繼承傳統，牠們被賜予繼續守護英女皇，保護她及英國子民。

2016 年，英國鑄幣廠發行首枚英格蘭雄獅紀念幣，開始了英女皇神獸紀念幣系列，先後推出共 10 枚十大神獸紀念幣。至第十一枚，設計師喬迪·克拉克（Jody Clark）設計的最終版集結十大神獸於一枚紀念幣中，亦為收藏者開啟了這些神獸的歷史故事和象徵意義。

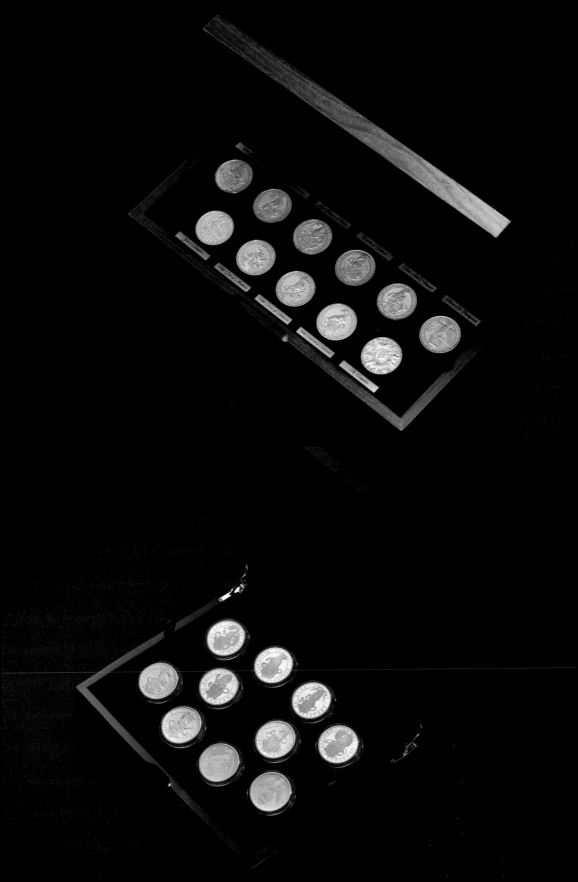

4.1L
其他相關神獸套裝

i. 英國 2016-2021 英女皇神獸系列 99.99% 普鑄銀幣 2 盎司大全套

英女皇神獸普鑄銀幣系列由英國皇家鑄幣廠發行，全套共 11 枚。設計靈感源自於紋章、神話和傳說中的動物或神話生物。設計中的神獸是英國君主一直沿用來體現他們高貴的皇室血統和對家族的忠誠。

每枚鑄幣背面的神獸均傲然屹立在極具代表性的紋章之上，突顯英國皇室之權力、地位以及源遠流長的皇室歷史。最終版集結十大神獸於一枚紀念幣中，既為神獸系列的亮點，也標誌著其終結。整個系列的設計均出自著名雕刻師喬迪‧克拉克（Jody Clark）之手，而每枚銀幣的正面就是刻劃了英女皇的第五肖像。

ii. 英國 2021 英女皇神獸系列 99.9% 精鑄銀幣 2 盎司十枚套裝

英女皇神獸紀念幣系列按照英女皇加冕典禮時的神獸排列次序逐一推出，並於 2021 年完成全套發行。2 盎司精鑄銀幣首次以套裝形式發售，每一枚銀幣的年份均為 2021 年，十大神獸圖案細緻鮮明，極具層次感，突顯英國皇家鑄幣廠的精湛工藝。銀幣正面是英女皇的第五肖像。

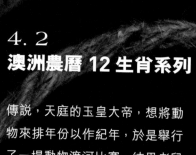

4.2
澳洲農曆 12 生肖系列

傳說，天庭的玉皇大帝，想將動物來排年份以作紀年，於是舉行了一場動物渡河比賽，結果老鼠憑著小聰明，騎在牛上不費吹灰之力取得了比賽的第一名。而是次比賽勝出的次序，分別是鼠、牛、虎、兔、龍、蛇、馬、羊、猴、雞、狗、豬。另外，《史記》中記載黃帝「建造甲子以命歲」以及「大撓作甲子」的「甲子」，就是指 12 生肖。

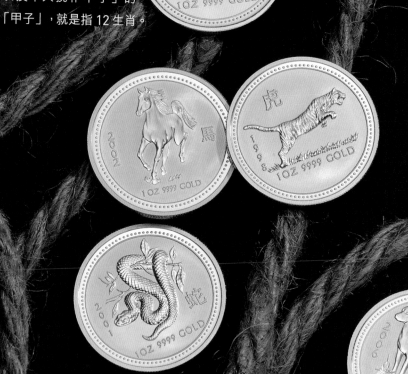

華人常以其出生年的象徵動物為其生肖，循環 12 生肖為一輪。12 生肖不止在華人市場普及，就連外國人也熱衷於農曆生肖，對生肖文化有一定認識。

在澳洲，12 生肖受到當地華人喜愛，促使澳洲珀斯鑄幣廠為 12 生肖打造紀念幣，到目前為止已推出第三個系列。除澳洲之外，加拿大、英國、中國等亦曾推出 12 生肖紀念幣。其實澳洲有兩間著名的鑄幣廠，除澳洲珀斯鑄幣廠，還有另一間澳洲皇家鑄幣廠都有推出生肖系列，但論精美度及受歡迎，澳洲珀斯鑄幣廠發行的澳洲農曆 12 生肖系列比較吸引。

澳洲農曆 12 生肖紀念幣系列於 1996 年首次發行，是世界上第一套以中國 12 生肖為題材的農曆生肖幣系列。創作靈感源自澳洲本土以及全球各地華人對生肖文化的重視和推崇，澳洲珀斯鑄幣廠以精湛的工藝與出色的設計將 12 生肖的獨特形態及吉祥意義完美地呈現。

- 農曆生肖系列 I（1996- 2007）
- 農曆生肖系列 II（2008 - 2019）
- 農曆生肖系列 III（2020 -2031）

農曆 12 生肖系列於發售當年屬於現價幣，以推出當年的金 / 銀價升跌作價，例如今年推出牛年紀念幣，當到了明年（虎年），便會立刻升值，若投資者可一氣呵成儲齊 12 款同系列，有機會能再升值兩至三成。澳洲珀斯鑄幣廠除推出普鑄版，也推出精鑄版、鍍金版、彩色版等，至於規格方面，銀幣有 1/2 盎司、1 盎司、2 盎司、5 盎司、10 盎司及 1 公斤；金幣有 1/20 盎司、1/10 盎司、1/4 盎司、1/2 盎司、1 盎司、2 盎司、10 盎司、1 公斤。另外，也有三幣套裝（即三個不同硬幣重量或三種不同的鑄造工藝）。

4.2A
鼠

根據古人所説的 12 生肖故事，是老鼠先欺騙了貓鄰居讓牠無法參加比賽，然後得到牛的幫助，騎在牛背上渡河，最後老鼠使計比牛先跳到岸上取得第一名。

不少人會質疑老鼠身體如廝細小，何得何能成為 12 生肖之首？

坊間答案有幾個版本，除了慣常聽到是玉帝將動物來排年份的版本之外，另一個原因乃中國相信陰陽命理，將 12 種動物分為陰陽兩類，動物的陰與陽是按動物足趾的奇偶參差排列，動物的左右前後足趾數一般是相同的，唯獨鼠是前足四，後足五，奇偶同體，物以稀為貴，所以排在第一。

在 12 生肖中，老鼠天生聰敏且靈活，所以鼠年出生的人均有著老鼠的特質：機靈、適應力強和充滿著好奇心，中國農曆生肖以 12 年為一週期。為慶祝鼠年，澳洲農曆生肖系列 I 於 1996 年發行，為整個系列中的第一枚。並分別於 2008 年及 2020 年開展系列 II 與系列 III。

設計上刻有漢字「鼠」字與年份。正面則刻有英女皇伊莉莎白二世的肖像。

4.2B
牛

相傳牛是玉帝的差役。有一天，農夫哀求玉帝，說人間土地寸草不生，希望玉帝給予人間一些種子。玉帝知道後，便答允農夫，把種子帶到人間，並囑咐撒種時，必須走 3 步撒一把種子。牛自告奮勇到人間撒種，殊不知當牠拿著種子走出天門時，一不小心跌倒並撞傷了頭顱，暈乎乎的牛忘記了，誤以為玉帝要牠每走一步撒 3 把種子。第二年，大地因為牛的失誤變得野草叢生，農夫更加無法種莊稼。玉帝知道後非常生氣，罰牛和牠的子孫都只能吃草，並且要幫助農夫耕田除草。即使頒了罰則，玉帝依然氣難平，把牛一腳踢落凡間。牛下凡時嘴巴朝下，摔掉了一排上牙。因此直到今天，牛的上排牙齒依然沒有長出來。

幸好牛知錯能改，非常勤力地為農夫耕作，得到人們的讚賞。所以當排列 12 生肖時，人們便向玉帝推舉牛為生肖，參與生肖渡河比賽。後來卻被老鼠使詭計搶先得了第一名。然而牛還是憑自己對人類的貢獻成為 12 生肖之一。

中國農曆生肖以 12 年為一週期，為慶祝牛年，澳洲農曆生肖系列 I 於 1997 年發行。並分別於 2009 年及 2021 年開展系列 II 與系列 III。設計上有漢字「牛」和「年份」的刻字。正面則是英女皇伊莉莎白二世的肖像。

4. 2C
虎

12 生肖中，除了是神獸的龍，論地上最強而有力又兇猛的必然是老虎，那為何排序上，竟輸在比牠更弱小的老鼠和牛之後？

據說，12 生肖原本只有獅子沒有老虎，可惜獅子太兇殘，玉皇大帝決定把牠的名次除去，而那邊廂的老虎先後多次下凡，鎮管百獸有功，玉帝就在它的前領及前額刻下了「三」條橫間再加「1」條直間作賞賜，直至現在，老虎身上還能看到這個「王」字。

被玉帝從 12 生肖中除名的獅子被貶到遙遠的南方，其生肖的席位則由老虎補上。自此，老虎的威武流傳到民間，農村不少人家都給孩子穿虎頭鞋戴虎頭帽，虎符、虎環、虎雕等鎮邪物都還存在，深信老虎的威武能夠趨吉辟邪，吉祥平安。

系列 I 的虎年紀念幣於 1998 年發行，並於 2010 年推出系列 II，2022 年將推出系列 III 的紀念幣設計。正面是英國女皇伊莉莎白二世的肖像。

4. 2D
兔

天性乖巧善良的兔子，靈活跳脫，但在生肖排行卻三甲不入，原來相傳兔子和牛本是朋友，但兔子自恃是跑步高手，在牛前面炫耀自己的長處，令牛不是味兒，牛每天為比賽練跑，結果在比賽當天，兔子太過輕敵，比賽途中睡著了，當一覺醒來已經太遲，牛一早跑到天庭，最後兔子只能屈居第四。

澳洲農曆生肖系列 I 的兔年紀念幣於 1999 年為慶賀兔年而設計及發行。到 2011 年，珀斯鑄幣廠再推出系列 II 的兔年紀念幣。背面的設計圖案為兔子，而正面是英女皇伊莉莎白二世的肖像。

兔是中國農曆 12 生肖中排行第四的生肖動物，在兔年出生的人均有著兔子的特質，天資聰穎、富有同情心、待人至誠至善。

4. 2E
龍

龍是中國神話中出現的一種瑞獸，是中華民族的圖騰，傳説中華民族的始祖伏羲、女媧，皆龍身人首（或蛇身人首）。華夏民族的先祖炎帝、黃帝，相傳和龍有密切關係，炎帝為其母感應「神龍首」而生，死後化為赤龍。

另外，相傳劉邦亦聲稱自己是其母與龍交合所生。直到明清時代，龍是皇帝御用的圖案，象徵權勢與昌盛，也是守護皇帝的吉祥物。一般庶民不得使用龍為圖案。

種種傳説顯示中國人自古以來與龍有密切關聯，「龍的傳人」一詞，乃 1978 年隨著侯德健創作的歌曲《龍的傳人》而流行起來。龍與鳳凰、麒麟和龜，並稱「四瑞獸」。1979 年，香港渣打銀行發行的鈔票便是以這些瑞獸為題材。

2000 年是龍年。金幣的背面為飛龍吐珠圖案，還鑴印了中國字「龍」，十分討喜。正面描繪了英女皇伊莉莎白二世肖像。系列 II 的龍年紀幣亦於 2012 年發行。

龍擁有力量，美麗和高貴的本性，龍是中國 12 生肖中唯一虛構的動物，也是最受歡迎的生肖。

4. 2F
蛇

從古至今，民間會認為蛇是祖先化身，蛇回來守護後代，是極具靈性的動物。如果硬把牠殺死，乃大逆不道，會招來惡果。

在 12 生肖的故事中，傳說蛇和青蛙原本是好朋友，蛇當時長有四條腿，青蛙卻沒有腿，只靠肚子蠕動爬行。可是蛇天生懶惰，青蛙則十分勤力，還幫助人們捉害蟲。因此人類厭惡蛇，卻喜歡青蛙。蛇發現人們討厭他，便開始仇恨人，且見人咬人，見畜吃畜，令人間不得安寧，土地神見狀，於是告上天庭。

玉帝召蛇上天庭，勸他從善改過，蛇卻口出狂言，全無悔改之心。玉帝非常生氣，下令神兵把蛇的四條腿砍掉，玉帝將

蛇的腿賜給青蛙，蛇從此失去了四條腿。

蛇知錯改過，拖著長長的軀體並開始吃害蟲，還跟龍學治水，默默為人類做好事。蛇死後，將自己的身體獻給人類作為藥物救治病人。玉帝見狀非常感動，及後在冊封 12 生肖時，將它排在龍的後面，成為生肖之一。

為慶祝蛇年，澳洲珀斯鑄幣廠於 2001 年在澳洲農曆生肖系列 I，描繪一條纏繞著樹枝的蛇，而正面是英女皇伊莉莎白二世肖像。再於 2013 年推出系列 II 的蛇年紀念幣。蛇年幣非常適合「蛇年」出生的人。肖蛇的人都擁有著聰明、優雅、獨立、分析力強和迷人的特徵。

4. 2G
馬

傳說，天馬原本是有雙翅膀的，可上天下海，是一種很有速度的動物，有日玉帝召牠成為天庭的一匹御天馬。天馬受到玉帝寵愛，漸漸變得驕傲，開始胡作非為。某日，天馬闖了大禍，玉帝憤而削去天馬雙翅，從此變成一匹普通的馬。玉帝把馬壓在崑崙山下，數百年後，人類經過崑崙山，馬向人喊道若能救牠，牠願意終生為人類效力。為了答謝救命之恩，馬成為人的奴隸，為人類運貨拉車，更與人類一起賣命打仗。從此，人與馬建立良好的關係，當玉帝要挑選 12 種動物當生肖時，有感馬對人的貢獻，於是把牠納入生肖中。

珀斯鑄幣廠分別於 2002 年及 2014 年推出系列 I 及系列 II 的馬年紀念幣。第一代馬年金幣為駿馬奔馳圖案，還鑄印了中國字「馬」，馬在生肖文化中的象徵著奮進開拓、勇往直前的意義，值得收藏；金幣另一面是英女皇伊莉莎白二世的肖像。

4. 2H
羊

羊在中國傳統文化上都是一種吉祥物，牠代表了善良和吉祥，「羊」與「祥」字讀音相近，有吉祥之意。此外，中國造字時，屬善、屬義、屬美的文字都是採羊字部頭，也是同一道理。中國的傳統裝飾中，亦喜歡把羊作為圖案，有吉祥、祥瑞的意思。在《百家姓》中，也有姓羊之人，只是甚為罕見，排名 202 位。而在 12 生肖中，羊排名第八位；在西方，12 星座中也設白羊座和山羊座（摩羯座）。白羊和山羊，在西方文化中有不同解說，山羊代表堅強、綿羊代表軟弱和服從。

為慶祝生肖羊年，2003 年澳洲珀斯鑄幣廠鑄造了以羊年為主題的羊年生肖紀念幣，再於 2015 年推出系列 II 羊年紀念幣。背面以羊圖案為設計，正面是英女皇伊莉莎白二世肖像。肖羊的人性格多為優雅、文靜。

4.21
猴

猴子是最接近人類智慧的靈長類動物，機智好動，能做一些人類的動作，理解人類的行為，善於攀援，極其靈巧。在中國傳統上，猴子被認定與聰明、好奇、思維和行動敏捷掛鈎。而著名小説《西遊記》，當中的孫悟空，充份顯露猴子應有特性。牠是一隻法力高強的石猴，別名「孫行者」。曾自封花果山水簾洞美猴王、齊天大聖、任天官弼馬溫。在取經完成後被如來佛祖授為鬥戰勝佛。

為慶祝猴年，2004 年澳洲珀斯鑄幣廠鑄造了猴年為主題的紀念幣。而澳洲農曆生肖系列 II 中的猴年紀念幣於 2016 年推出，系列 I 的金幣的背面描繪了一隻成年猴站立在桃樹上。正面是英女皇伊莉莎白二世肖像。

4.2J
雞

關於雞的傳說並不多，在古代的神話故事中，描寫雞是由傳說中的靈鳥「重明鳥」演變而來的。據說堯帝時，遠方的友邦進貢了一種能辟邪的鳥，名為「重明鳥」。大家都歡迎重明鳥的到來，可是貢使不是每年都來，所以人們就用木頭製作重明鳥，或用銅鑄重明鳥放在門戶，或者在門窗上畫上重明鳥，希望藉此嚇退妖怪，令他們不敢到來。

由於重明鳥與雞十分相似，人們漸漸改為畫雞或剪紙貼在門窗上，亦成為了後世剪紙藝術的源頭。中國古代特別重視雞，稱它為「五德之禽」，並把新年首日定為雞日。中國古時，民間更將雞視為吉祥物，可以避邪還能吃掉各種毒蟲，為民除害。

在《韓詩外傳》曾這樣描寫雞——它頭上有冠，是文德；足後有趾能鬥，是武德；敵在前敢拼，是勇德；會以食物招呼同類，是仁德；守夜不失時，天時報曉，是信德。

為慶祝雞年，2005 年澳洲珀斯鑄幣廠鑄造了雞年為主題的紀念幣。而澳洲農曆生肖系列 II 中的雞年紀念幣於 2017 年推出，系列 I 的金幣背面描述了一隻志氣高昂的公雞。另一面則是英女皇伊莉莎白二世的肖像。

4.2K
狗

在 12 生肖動物中,大致可分為三類。第一類是已被馴化的「六畜」,即牛、羊、馬、豬、狗和雞,它們是被人類馴養的。第二類是野生動物如虎、兔、猴、鼠和蛇。至於第三類是傳統的吉祥物——龍。那次比賽,老鼠因跳上牛背跑到終點,所以成為第一。另一方面,其他動物亦為名次爭辯,機靈的兔子排在龍的前面,狗卻不服氣,更一氣之下咬了兔子,結果被玉帝懲罰,排在豬的前面,即第十一位。

從古到今,狗是人類忠心的朋友,保護主人,是共同的生活夥伴。

狗與人的真實感人故事也不勝枚舉,例如上世紀二十年代日本的忠犬八千公,牠每天到車站守候離世主人的故事感動全日本,牠死後為表揚其對主人的忠心,澀谷站前面便設有一座銅像,這座銅像為紀念忠犬八公所造,至今成為世界著名的旅遊景點。

為慶祝狗年,2006 年澳洲珀斯鑄幣廠鑄造了狗年為主題的紀念幣。而澳洲農曆生肖系列 II 中的狗年紀念幣於 2018 年推出,系列 I 的金幣背面描述了一隻好像正等待主人回來的小狗。金幣另一面則是英女皇伊莉莎白二世的肖像。

4.2 L
豬

豬總給人行動散漫的感覺，而
在傳說中的 12 生肖排行至尾亦
有很多故事。豬自知體型笨重
行得比別人慢，於是在比賽的
前一晚便啟程排隊當生肖。由
於路途遙遠，又障礙重重，豬
排除萬難走到南天門。可惜比
賽時辰已過，豬苦苦哀求，其
他六畜也為之求情，最後感動
了玉帝，把豬放進南天門，成
為最後一隻生肖，結果馬、牛、
羊、雞、狗、豬「六畜」都成為
人的生肖。

另外，用乳豬作為祭祖、新店開
幕等乃中國廣東的傳統習俗，切
燒豬也是儀式的一部份，待儀式
完成後，燒豬便會分給各參予者
食用，「紅皮赤壯」寓意得到祖
先保佑。

珀斯鑄幣廠分別於 2007 年及
2019 年鑄造豬年紀念幣，乃澳
洲農曆生肖系列 I 及 II 中的最後
一個。系列 I 的金幣背面描繪了
一隻小豬，另一面則是英女皇伊
莉莎白二世的肖像。

4. 2M
其他相關生肖幣

牛年99.99%仿古銀幣2盎司

銀幣的表面以人手將其「仿古」處理，製作出獨特的仿古表面，呈古代人工製品的磨損痕跡，帶有古樸典雅的味道。

牛年99.99%精鑄銀幣1盎司

銀幣背面設計結合了鏡面般的背景與精緻的牛圖案磨砂浮雕，完美工藝將主題更立體地呈現。

牛年99.99%鍍金銀幣1盎司

銀幣背面的成年牛及其小牛均鍍上24K金，牛的體格及紋路更為細緻深刻，主題圖案非常突出。

牛年99.99%彩色銀幣1盎司

銀幣背面的成年牛及其小牛圖案用上彩色印製技術，色彩鮮豔、構圖精美令主題更為立體鮮明。

澳洲 2008-2019 十二生肖銀幣全套

澳洲的十二生肖系列是紀念中國農曆年
而發行的。這套來自農曆生肖系列 II 的
大全套包括年份為2008-2019，12枚含
有1盎司99.99%純銀的銀幣。

4. 3
世界五大名幣

為甚麼要把中國熊貓幣、加拿大楓葉幣、澳洲袋鼠幣、奧地利愛樂團幣及美國鷹揚幣聯乘世界五大名幣？除了它們的共通點是大眾化，亦因五者之間的確擁有一些微妙的關係，曾經聽過一些對歷史有深入認識的學者，對「五大」進化論的聯想及解說不無道理，現在就和大家分享一下我所聽來的小故事！

先由中國熊貓幣的正面──天壇說起，它連成天和人甚至人和大自然的關係。加拿大楓葉幣，代表開發新天地及移民論，歷史可追溯至最初在加拿大土生土長的印第安部落，對於這個部族，加拿大給他們一個稱號為「第一民族」（First Nation）。澳洲袋鼠幣，則代表人類不斷向前邁進，就如袋鼠只會向前跳的特性。奧地利愛樂團幣，代表人民質素提升，生活康泰，歌舞昇平。美國鷹揚幣，乃表達人類追求的自由文化及理想價值。「五大」之解說，是有點抽象化，但當擁有這一套世界五大名幣，呈現的世界觀，就像之前我所說的：「環遊了地球一圈。」特別是世界五大名幣系列的熊貓幣，不經不覺已經有 40 年歷史，由中國人民銀行發行。當時中國正值崛起，打算與西方看齊，於是推出一系列金銀幣，而熊貓是世界上稀有動物之一，亦是中國的國寶，更是熊貓外交中的友誼大使，對國際關係意義重大。

4.3A
中國熊貓系列

最能代表中國的動物，不能不說活潑可愛的熊貓。熊貓乃世界級稀有野生動物，牠在地球存活已至少八百萬年，亦稱為活化石。據知，全世界野生大貓熊現存大約有 2,060 頭（2016 年數據），被譽為「中國國寶」。

世界各地對熊貓的喜愛，可在其推出的產品中已知一二，為滿足人們對熊貓的鍾愛，中國人民銀行推出以熊貓作為主題的首枚金銀幣系列。熊貓金幣於 1982 年首先推出，至 1983 年開始推出銀幣，兩者均為中華人民共和國法定貨幣。金銀幣正面中央刻有北京天壇祈年殿圖樣，上部及下部分別刻有國名中華人民共和國和發行年份，背面為大熊貓圖案，並刻有重量、成色、面額等訊息。中國熊貓幣每年會更換幣面圖案，相比其他名幣更具觀賞及收藏價值。

從 2019 年版的熊貓金銀紀念幣開始，這系列又開啟了以十年為一個故事的設計模式：2019 年版熊貓幣的圖案是一對母子熊貓，名為「愛的新生」的主題標誌著新系列故事的開始。2020 年版熊貓幣的圖案則是 2019 年版故事的延續，刻劃的是一隻從幼崽成長為「小孩」的熊貓，這隻天真可愛的小熊貓，活潑地躺在斜坡上邊吃邊玩，展現人與動物和諧共處的景象。至於 2021 年版的熊貓幣，可愛的小熊貓已經長大了，牠擁有強而有力的四肢，開始好奇又勇敢地四處冒險，視察四周，而熊貓媽媽引領著牠的孩子學習爬樹，這隻「少年」熊貓吸收媽媽教下來的知識，往樹頂爬到最高，終於看到美麗的風景。

至於 2022 年版的熊貓幣，其設計概念將以冬奧會作為主題，希望以樸實和自然寫實的手法，展現熊貓在雪地玩耍的可愛和快樂，命名為「愛上熊貓愛上雪」（雪中嬉戲的兩隻熊貓）。

從 1982 年推出第一枚金幣開始，成色從來都是 999（99.9% 是黃金成分，還有 0.1% 不是）。熊貓幣特別之處是每年都擁有不同圖案設計，同時圍繞同一個主題——熊貓。不得不讚其變化多端。有時設計上是一隻熊貓，有時兩隻甚至三隻，它們動態百變，非常生動活潑。此外，再看最早期中國的熊貓幣設計，主要是一凹一凸突出其線條，至近年的有鏡面、磨砂、雕刻等工藝手法出現。收藏熊貓幣，其過程也看盡中國這 30、40 年的技術變遷及進步。另外，熊貓金銀幣在最初期是以盎司發行為標準，直至 2016 年轉為「克」制。

雖然金銀幣是貴金屬衍生品，但這幾年國際金市銀市的強勢，對金銀幣市場的影響力愈來愈大。熊貓幣的設計每年不同，有其獨特性，絕對是值得收藏的系列。

2016年轉為以「克」制做標準
2016年熊貓幣恢復標註重量和成色，
但重量單位由盎司全部改為克或千克，並沿用至今。

2001年版 & 2002年版
2002年之前，熊貓金幣分為國內版和國際版，
但2002年以後不再區分。

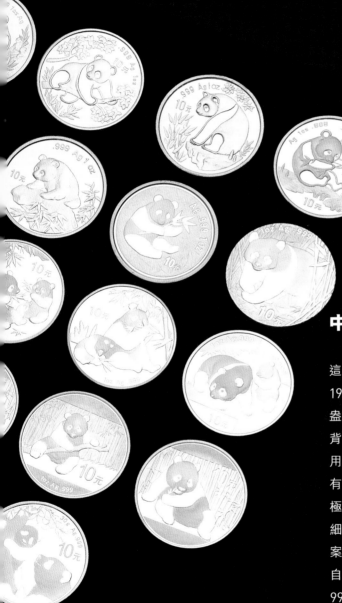

中國熊貓銀幣大全套

這套中國熊貓銀幣包括年份為
1987-2021 共 34 枚，共含有 33.78
盎司的 99.9% 純銀銀幣。銀幣的
背面設計除 2001 年及 2002 年採
用相同的圖案外，整個系列每年都
有不同的變化及獨特的設計，將
極具標誌性的中國熊貓及其形態
細緻地刻劃出來。銀幣的正面圖
案為北京天壇祈年殿，沿用至今。
自 1987 年，中國熊貓銀幣均以
99.9% 的標準純銀鑄造，銀幣的直
徑也標準化為 40 毫米。

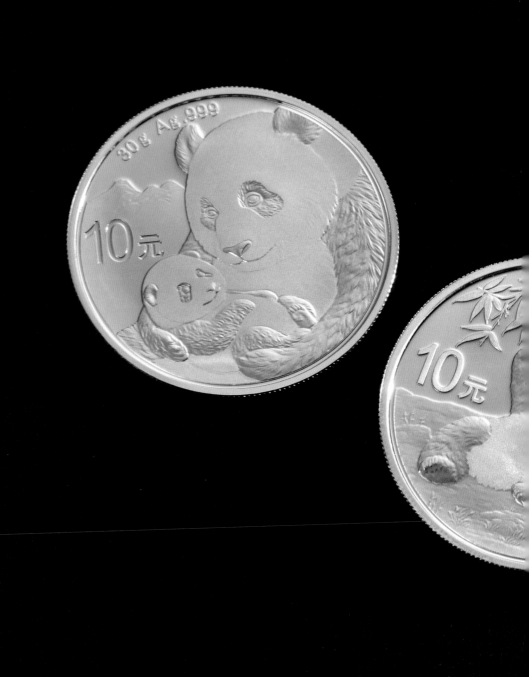

愛的新生 10 年企劃

以「愛的新生」為主題的「十年
故事」從 2019 年開始。2019 年
還在母親懷抱中熊貓寶寶。2020
年已成長為小熊貓在草坡上吃竹
子，傳達和平、繁榮與幸福的訊
息。2021 年版熊貓幣中的小熊貓
又長大了，四肢強壯有力，活潑
好動，在母親的指導下學習爬樹，
將廣闊的青山綠水盡收眼底。

4.3B
加拿大楓葉幣

楓葉是楓樹的葉子，亦是加拿大的標誌。早在 18 世紀初，楓葉就被聖勞倫斯河畔的法籍加拿大人用作國家的標誌。

當富格林幣日漸式微後，取而代之是加拿大楓葉幣並迅即成為全球「新貴」。每年，加拿大皇家鑄幣廠都會發行不同的金幣和銀幣，以供收藏和投資等用途。楓葉金幣及銀幣均是加拿大的法定貨幣，1 盎司金幣面值 50 加拿大元，1 盎司銀幣面值 5 加拿大元。加拿大楓葉幣正面是伊莉莎白女皇二世，背面則是楓葉設計。從 2015 年開始，楓葉金幣

新增了放射線網紋設計，還有雷射微型註記（在 1OZ 字樣的上方），使楓葉金幣難以被偽造，確保真實性。

不得不承認人們對加拿大楓葉幣的確存在一份情意結，更何況它是全球首個推出金幣達 99.99% 高純度的國家。無論外國人或香港人，到現在依然喜愛楓葉幣。至於加拿大楓葉銀幣每年出產量是 300 多萬枚，多數人買楓葉幣，並非收藏之用，反而是投資及保值為主，但沒有太多升值潛力下，此幣就如股票一樣，「價好就放」最為上策。

4. 3C
澳洲袋鼠幣

袋鼠的英文是「Kangaroo」, 牠名字的由來源自傳說中澳洲原住民辜古依密舍人 (GuuguYimidhirr), 他們經常說:「gangurru」, 意解「不知道」。1770 年英國探險家詹姆士庫克船長第一次航海旅行, 在澳洲東北大堡礁觸礁, 最後在努力河 (即現時庫克鎮港口) 岸邊修理船艦, 期間植物學家約瑟夫班克斯發現到一種奇怪的動物, 便去詢問當地原住民辜古依密舍族, 由於語言不通, 原住民聽不懂英文, 所以回覆「不知道」(gangurru)。從此他們誤將「gangurru」當成「袋鼠」的英文名稱。這個傳說在上世紀 70 年代, 經語言學家 John B. Haviland 在辜古依密舍族地研究中確認。

時至今日, 袋鼠是澳洲的象徵物, 當地除了一般用品可見到牠的蹤影, 很多大型品牌都喜用牠做標記, 如澳洲的組織團體或澳洲航空等等。而澳洲珀斯鑄幣廠於 1989 年, 開始生產以袋鼠為標誌的紀念幣。袋鼠身體是直立的, 前肢較為短小, 長而有力的後腳令牠們行動時好像彈弓般跳躍, 長尾巴則是用作保持平衡。袋鼠只向前跳動的特質, 代表澳洲永不退後, 邁步向前的意思。

澳洲袋鼠金幣乃世界五大投資金幣之一。由澳洲珀斯鑄幣廠鑄造, 1986 年推出之時以「幸運金塊」(Nugget) 為設計題材, 因此華人會把澳洲袋鼠幣稱為「鴻運幣」。後來改以更能代表澳洲的標誌性袋鼠為圖案, 並一直沿用至今。袋鼠金幣設計年年不同, 但銀幣設計變化不大, 直至 2017 年袋鼠設計略作改變, 所以 2017 年之前的硬幣, 經已成為收藏幣。

4. 3D
奧地利愛樂團幣

維也納是奧地利首都,同時是充滿音樂靈氣的地方,因此被稱為世界音樂之都。奧地利音樂全球首屈一指,其維也納愛樂團體現著最純正的維也納風格,很多傑出的音樂家、作曲家見證了維也納愛樂團的成長。

維也納愛樂團於 1842 年成立,由德國作曲家奧托尼古拉做指揮,樂團舉辦他們的第一場「盛大音樂會」(Grand Concert)之後,百幾年間經歷了很多指揮家的打造,已經成為世界頂尖級樂團。愛樂團成員全部來自維也納國家歌劇院管弦樂團,需要經過嚴格挑選才能加入。愛樂團每個月都有 3 場至 9 場演出。

據知當年計劃推出現價幣的時候,當地立刻想起以維也納音樂作為主題。1989 年,由奧地利鑄幣廠鑄造,奧地利國家銀行發行首個愛樂團幣,而銀幣從 2008 年開始發行,8 年後再推出鉑金幣。愛樂團幣的設計每年相同,正面是愛樂團演出場地——維也納協會金色大廳,而背面則起用了大提琴、小提琴、鋼琴、圓號、巴松管、豎琴等樂器,充份象徵奧地利深厚的音樂歷史及文化。2002 年時,面額由奧地利先令改為歐元,金幣以 99.99% 純度作為標準,銀幣則為 99.9% 純度,成為世界上第一枚歐元面額的普鑄幣。所以多年來,奧地利愛樂團幣一直受音樂愛好者追捧。

4. 3E
美國鷹揚幣

美國鷹，又名白頭海鵰（白頭鷹），象徵威嚴、自由和奔放。牠與美國的淵源，可追溯至 1789 年，美國獨立之後，白頭鷹被選為代表美國的國鳥。美國很多政府機構的徽章上都有牠的肖像，例如美國總統紋章（Seal of the President of the United States）、 宣傳圖片或者電影，可見美國人對牠的喜愛與崇拜。

1986 年，美國鑄幣廠發行美國鷹揚金銀幣，推出的目的是宣揚美國自由及民主精神。1997 年，

美國鑄幣廠推出鉑金幣，2018 年生產鈀金幣。幣的正面是自由神像，其右手高舉火炬，左手則拿著月桂樹枝。1 盎司金幣的法定面額為 50 美金。1 盎司銀幣的法定面額為 1 美金。鷹揚金幣純度為 91.67%（即 22K），所以色澤貼近玫瑰金，而銀幣純度則為 99.9%。

值得留意的是，2009 年的鷹揚金銀幣產量大幅減少，讓該年的鷹揚幣變得極為珍貴。事緣美國鑄幣廠受制於訂單配給問題，加上

市場對美國鷹揚金銀幣出現前所未有的需求，導致該年的鷹揚金幣一度停產。1 盎司的普鑄版鷹揚金幣只在 2009 年 1 月至 6 月限量出產，而 1/2 盎司、1/4 盎司和 1/10 盎司普鑄版鷹揚金幣則在 2009 年 12 月限量推出。

根據美國公法 99-185 和公法 99-61 的規定，普鑄版鷹揚金銀幣的生產數量必須足以滿足公眾需求，而精鑄版則不受法例所限。美國鑄幣廠因而取消 2009 年精鑄版鷹揚金銀幣的生產，令普鑄版鷹揚幣也變得極具收藏與歷史價值。

2021 年適逢鷹揚幣發行 35 週年，美國鑄幣廠於同年推出全新設計。銀幣正面採用雕塑家阿道夫韋曼（Adolph A. Weinman）所創作的自由女神設計。自由女神披上帶有美國國旗圖案的長袍，她的右手手臂張開，左手手臂抱著一束橡樹樹枝和橄欖枝。全新的背面設計採用鷹圖案，描繪一隻老鷹由高處降落，雙爪抓著一根橡樹枝，好像要把樹枝帶回鳥巢裡。

4.4
中國世界遺產系列

中華人民共和國自 1985 年加入
《保護世界文化與自然遺產公
約》的締約國行列以來，截至
2021 年 7 月，經聯合國教科文
組織審核並批准列入《世界遺產
名錄》的「中國世界遺產」共有
56 項（包括文化遺產、自然遺
產、自然與文化雙遺產和跨國項
目），在數量上居世界第二位，
僅次於意大利。中國是世界遺產
類別最齊全的國家之一，也是世
界自然與文化雙遺產數量最多的
國家（與澳洲並列，均為 4 項），
其中首都北京擁有 7 項世界遺
產，是世界上擁有遺產項目數量
最多的城市。

世界文化遺產紀念幣自 2003 年
開始，由中國人民銀行發行，並
分別於不同年份以不同的遺產古
蹟為主題，直至 2020 年合共推
出了 9 套主題紀念幣。紀念幣的
正面鑄有中華人民共和國國徽或
標誌性圖案、中華人民共和國國
名和年號，而背面則是主題古蹟
圖案。

4.4A
武陵源

武陵源位於中國湖南省西北部的武陵山脈中，由張家界、天子山、索溪峪三大各具特色的風景區組成。1992年，武陵源風景名勝區被聯合國教科文組織列入「世界自然遺產保護名錄」。武陵源以五絕之美而見稱：奇峰、怪石、幽谷、秀水和溶洞，具有比較原始的生態系統，有罕見的砂岩峰林地貌景觀，有3,000多座形狀奇異的山峰、800多條溪澗，也有岩溶洞穴、瀑布群，並有天然森林。除了自然風光，武陵源地區還居住著土家族、白族、苗族等少數民族，他們的房屋和梯田就像是青山上的裝飾品。

為紀念武陵源風景區成為世界自然遺產十週年，同時促進中國旅遊業的發展，中國人民銀行於2003年發行了首套世界遺產——武陵源紀念幣。兩枚銀幣的正面均為土家族傳統建築吊腳樓，並刊有中華人民共和國國名和年號。其中一枚銀幣背面為富有土家族風情的民族舞蹈、「土家族風情」中文字樣及面值。另一枚銀幣背面設計則為武陵源御筆峰之風光、「世界遺產武陵源——御筆峰」中文字樣及面值。

4. 4B
武當山古建築群

武當山是世界上最美麗的風景區之一，它融合了古老的智慧、歷史建築和自然風景，古裝電影或電視劇，都不時聽到這個名字吧！

武當山古建築群位於湖北省西北部，均為道教建築，明代是其發展的鼎盛時期，明永樂年間更大修武當山，興建了大批建築，歷時 14 年，建成九宮八觀等 33 座建築群。嘉靖年間又增修擴建。由於興建丹江口水庫，部分建築被淹沒，現存古建築二百餘棟。

武當山面積約 300 平方公里，像不食人間煙火之地，尤如仙境。1994 年，被聯合國教科文組織列為世界文化遺產。

目前保存完好的建築有「治世玄岳」牌坊、元和觀、遇真宮、玉虛宮、復真觀、紫霄宮、太和宮、金殿等。武當山古建築群的設計符合道教中「人與自然和諧相處」的原則，同時擁有豐富的歷史價值。

2010 年，中國人民銀行發行世界遺產系列——武當山古建築群紀念幣。金銀幣的正面均印有中華人民共和國國徽、中華人民共和國國名和年號。金幣背面為太和宮金殿、「世界遺產——武當山古建築群」中文字樣及面值。銀幣背面刻有武當山古建築群景觀造型、「世界遺產——武當山古建築群」中文字樣及面值。

4. 4C
登封「天地之中」歷史建築群

2010 年，聯合國教科文組織把登封「天地之中」歷史建築群列入「世界自然遺產保護名錄」。

登封「天地之中」歷史建築群位於河南嵩山及其周邊具有悠久歷史的文物古蹟，包括周公測景台和觀星台、嵩岳寺塔、太室闕和中嶽廟、少室闕、啟母闕、嵩陽書院、會善寺、少林寺建築群（包括常住院、塔林和初祖庵）等 8 處 11 項優秀歷史建築。該建築群中的各建築建成時間從漢至清，時間跨越 2,000 多年。反映了人們以不同的方式展示了天地之中的概念，還體現了嵩山作為虔誠的宗教中心的力量。登封歷史建築群是古代建築中用於祭祀、科學、技術及教育活動的最佳典範之一。

2011 年，中國人民銀行發行世界遺產系列——登封「天地之中」歷史建築群紀念幣。金銀幣的正面均印有中華人民共和國國徽、中華人民共和國國名和年號。金幣背面為少林寺山門，配以中國古代建築斗拱、方位圖和少林寺建築裝飾圖案等、並刻有「少林寺」中文字樣及面值。銀幣背面刻有嵩岳寺塔造型、配以中國古代建築斗拱、方位圖及嵩岳寺塔建築裝飾圖案等，並刻有「嵩岳寺塔」中文字樣及面值。

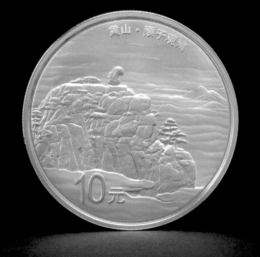

4. 4D
黃山

黃山位於安徽省南部,原稱「黟山」,南北長約 40 千米,東西寬約 30 千米,山脈面積 1,200平方千米,核心總面積約 160.6平方千米,主體以花崗岩構成,最高處蓮花峰,海拔 1,864 米。

有關黃山的故事,相傳中華民族的始祖軒轅黃帝曾在此修煉升仙,故於唐天寶六年(公元 747 年)六月十六日改為現名,這天還被唐玄宗欽定為黃山的生日。

黃山中的溫泉、雲谷、松谷、北海、玉屏、釣橋六大景區,風光旖旎,美不勝收。黃山在中國歷史上文學藝術的鼎盛時期曾受到廣泛的讚譽,被譽為「天下第一奇山」。黃山以其雄偉的景觀而聞名,尤以奇松、怪石、雲海、溫泉「四絕」著稱。

黃山於1990年獲得世界文化和自然遺產稱號，2004年被聯合國教科文組織評選為首批世界地質公園，從而成為世界上第一個獲得世界文化和自然遺產以及世界地質公園等3項最高榮譽的旅遊勝地。

2013年，中國人民銀行發行世界遺產系列——黃山紀念幣，全套金銀幣的正面均印有中華人民共和國國徽、中華人民共和國國名和年號。金幣背面為著名的黃山迎客松景觀，並刻有「黃山——迎客松」中文字樣及面值。第一枚銀幣背面為山脊上的奇石景觀，稱為「猴子觀海」，並刻有「黃山——猴子觀海」中文字樣及面值。第二枚銀幣背面為飛來石景觀，與山景相映成趣，並刻有「黃山——飛來石」中文字樣及面值。第三枚銀幣背面為人字瀑景觀，並刻有「黃山——人字瀑」中文字樣及面值。第四枚銀幣背面為玉屏樓景觀，並刻有「黃山——玉屏樓」中文字樣及面值。

4. 4E
杭州西湖文化景觀

西湖位於浙江省杭州市，東靠杭州市區，其餘三面環山。西湖在不同時節為遊客展現各具特色的美景，也就是著名的西湖十景，當中的「蘇堤春曉」、「曲院清荷」、「斷橋殘雪」，終年皆可觀賞；而「雷峰夕照」和「三潭印月」，顧名思義是在日落或月光下參觀。西湖是一座文化瑰寶，以其自然美景和歷史遺蹟影響了歷代詩人和畫家，也是中國園林設計師最重要的靈感來源之一，他們利用眾多的寺廟、寶塔、湖內的庭園和人工島，實現和諧的設計景觀。

2011 年，杭州西湖文化景觀被聯合國教科文組織列為世界文化遺產。2014 年，中國人民銀行發行世界遺產系列——杭州西湖文化景觀紀念幣。全套銀幣的正面均印有中華人民共和國國徽、中華人民共和國國名和年號。第一枚銀幣背面為蘇堤春曉景觀，以彩色桃花襯托，並刻有「蘇堤春曉」中文字樣及面值。第二枚銀幣背面為曲院風荷景觀，以彩色荷花襯托，並刻有「曲院風荷」中文字樣及面值。第三枚銀幣背面為平湖秋月景觀，以彩色桂花襯托，並刻有「平湖秋月」中文字樣及面值。第四枚銀幣背面為斷橋殘雪景觀，以彩色梅花襯托，並刻有「斷橋殘雪」中文字樣及面值。

4. 4F
大足石刻

大足石刻位於重慶市大足區境內，大足縣素有石刻之鄉的美譽。其始建於唐朝，並於南北宋時發展最為興盛，到明清期間更創造了當今最大的石刻作品，可以與雲岡、龍門和莫高窟等石窟相媲美。

大足石刻以宏大的規模、精湛的雕刻技藝、多樣的形式設計而聞名於世。它們凝聚了佛教、道教、儒教雕刻藝術的精髓，是中國石刻中的一顆璀璨明珠。大量的雕像和石碑從不同的角度展示了 9 世紀至 13 世紀宗教信仰的變化和雕刻風格。它們是中國石刻藝術的瑰寶，為中國石刻的發展和創新做出了巨大貢獻，具有豐富的歷史、藝術和科學價值。大足石刻於 1999 年被聯合國教科文組織列為世界文化遺產。

2016 年，中國人民銀行發行世界遺產系列——大足石刻紀念幣，其銀幣的正面印有中華人民共和國國徽、中華人民共和國國名和年號。背面為寶頂山景觀，並刻有「大足石刻——寶頂山」中文字樣及面值。

4. 4G
曲阜孔廟、孔林、孔府

1994 年，被聯合國教科文組織列入「世界文化遺產保護名錄」的曲阜孔廟、孔林、孔府，位於山東省曲阜市，合稱「三孔」，包括祭祀孔子的孔廟、孔子嫡系後裔居住的孔府、孔子及後裔的墓地——孔林。「三孔」是為紀念中國偉大的哲學家、政治家和教育家孔子而建造的，它以豐厚的文化積澱、豐富的文物珍藏以及科學藝術價值而見稱。

曲阜孔廟是祭祀孔子的本廟，歷經 2,400 多年而從未中斷祭祀，是中國使用時間最長的廟宇。孔林是孔子及其後代的墓地，同樣延續 2,400 多年，是中國目前保存年代最長、歷史延續性最完整的氏族墓地。孔府則是中國現存規模最大、保存最好、最為典型的官衙與宅第合一的建築群，是孔子嫡裔世代居住的官邸。

曲阜孔廟、孔林、孔府體現了古建築的精髓，展示出極優秀的建築美感。同時，其佈局、規劃和裝飾設計也體現了儒家思想的文化精髓。

2017 年，中國人民銀行發行了世界遺產系列——曲阜孔廟、孔林、孔府紀念幣。金銀幣正面均印有中華人民共和國國徽、中華人民共和國國名和年號，金幣的背面圖案為孔子燕居像，並刻有「孔子」字樣及面值，第一枚銀幣的背面為曲阜孔林萬古長春牌坊建築景觀，並刻有「曲阜・孔林」中文字樣及面值。第二枚銀幣的背面為曲阜孔府大門造型，並刻有「曲阜・孔府」中文字樣及面值。

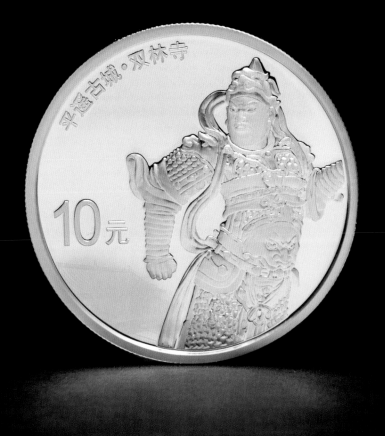

4. 4H
平遙古城

平遙古城始建於西周宣王時期，後於明朝洪武三年擴建。平遙目前基本保存了明清時期的縣城原型，有「龜」城之稱，因有 6 道城門，南北門為龜首尾，東西四門象徵四足。街道格局為「土」字形，建築佈局則遵從八卦的方位，體現了明清時的城市規劃理念和分佈。城內設 4 條大街、8 條小街和 72 條小巷。古城以南大街為中軸線，城東有城隍廟，城西有平遙縣署，城左立文廟、城右立武廟，東道觀西佛寺，對稱佈局；城內外有各類遺址、古建築 300 多處，有保存完整的明清民宅近 4,000 座，街道商舖都體現歷史原貌，被稱作研究中國古代城市的活樣本。平遙城牆建於明洪武三年，現存有 6 座城門

瓮城、4 座角樓、72 座敵樓。其中南門城牆段於 2004 年倒塌，除此以外的其餘大部分都至今安好，是中國現存規模較大、歷史較早、保存較完整的古城牆之一，亦是世界遺產平遙古城的核心組成部分。

1997 年，聯合國教科文組織把平遙古城列入「世界文化遺產保護名錄」。2019 年，中國人民銀行發行了世界遺產系列——平遙古城紀念幣。銀幣的正面圖案為平遙古城迎薰門建築造型、中華人民共和國國名和年號。背面是雙林寺韋馱塑像造型，輔以天王殿建築組合設計，並有「平遙古城、雙林寺」字樣及面值。

4.41
良渚古城遺址

良渚古城遺址位於浙江省杭州市餘杭區瓶窯鎮。總面積約 34 平方公里,遺址年代為公元前 3,300 年至公元前 2,300 年,屬於新石器時代文化遺址,是良渚文化最重要、最具代表性的遺址。良渚遺址發現於 1936 年,當時西湖博物館的工作人員施昕更先生在今老和山一帶的古盪遺址發掘時,注意到此地的出土器物與其家鄉良渚一帶常見的出土器物極為相似,便經西湖博物館同意,於 1936 年 12 月至 1937 年 3 月間,在良渚一帶進行了 3 次考古發掘,發現茅庵里、棋盤墳等 12 處遺址。揭開了長江下游考古工作的序幕。

良渚古城遺址規模宏大、內涵豐富,包括城址、墓地及祭壇遺跡和多功能外圍水利系統,還發現了象徵宗教和階級制度的出土玉器。2019 年,良渚古城遺址被聯合國教科文組織列入「世界文化遺產保護名錄」。

2020 年,中國人民銀行發行了世界遺產系列——良渚古城遺址紀念幣。該套金銀幣正面圖案是中華人民共和國國徽、中華人民共和國國名和年號,金幣的背面則是良渚古城遺址出土器物玉琮及其紋飾等組合設計,並刻有「世界遺產‧良渚古城遺址」字樣及面值。銀幣的背面圖案是良渚古城及外圍水利系統遺址、出土玉三叉形器等組合設計,印有「世界遺產‧良渚古城遺址」字樣及面值。

匯聚光芒，燃點夢想！

《避險之王者～金銀幣鑑賞及投資》

系　　列：創富系列

作　　者：李俊亨 Henry

出 版 人：Raymond

責任編輯：陳糖

編　　採：歐陽有男

編輯校對：阿寶、ming

攝　　影：小強 Cyrus Sin

封面設計：Kris

內文設計：Stephen K

出　　版：火柴頭工作室有限公司 Match Media Ltd.

電　　郵：info @ matchmediahk.com

發　　行：泛華發行代理有限公司

　　　　　九龍將軍澳工業邨駿昌街 7 號 2 樓

承　　印：宏亞印務有限公司

　　　　　香港柴灣豐業街 8 號宏亞大廈 13 樓

出版日期：2021 年 12 月初版

定　　價：HK$180、NT$880

國際書號：978-988-75825-9-5

建議上架：藝術、財經商業